钱塘江学

严州文化全书

缪承潮 主编

严州特产

洪淳生 著

杭州出版社

钱塘江学·严州文化全书

总　序

公元 1963 年，是杭州行政区域版图有着特殊记忆的年份。

因为这一年的 3 月，有着 1300 多年州府历史的"千年古府"严州，正式划归杭州市。从此，杭州开始承载起两个州府历史文化共同前行的责任。

由于历史的原因，在"千年古府"严州划入杭州的半个多世纪里，曾经"商贾云集、文化繁盛"的严州府治、州治和建德县治所在地——梅城镇，却日渐式微，在历史的进程中被边缘化，成了被世人遗忘的角落。这种状况的出现，是与杭州建设国际化大都市进程很不相称的。如何补上这一短板，重振严州古城雄风，是摆在我们面前的新课题。

遵循以习近平同志为核心的党中央的战略部署，杭州市扎实推进"美丽城镇""美丽乡村"建设，取得了明显成效。如何延伸这一以美丽中国建设为主题的新内容？杭州市美丽城镇建设如何破题？美丽城镇建设示范点怎么选择？在这样一个新时代的节点上，中共浙江省委车俊书记，先后三次对严州古城梅城的建设和发展作出重要批示，提出要"再现'千年古府'新面貌"的重要构想，为杭州市打造美丽城镇建设的新样板找到了突破口。为落实车俊书记的批示精神，杭州市委、市政府正式确定，把杭州市打造美丽城镇建设的示范点，选在了"千年古府"梅城镇。从 2018 年夏天开始，梅城镇"再现'千年古府'新面貌"的建设也随之全面启动，古城的保护与修复工程全面展开。通过近一年的努力，目前初战告捷，正在向纵深发展。

历史的经验告诉我们，古城的保护与修复，不仅是一项非常复杂而又艰巨的城市建设工程，也是一项铸就城市灵魂、泽被后世的文化工程，是体现"文化自信"的重要载体。没有文化的支撑，特别是缺失独特的地域历史文化的丰姿风韵，古城修复得再好，也只能是徒具漂亮的外表，是经不起历史检验的。没有文化内涵的古城，是不能行稳致远的，"再现'千年古府'新面貌"的目标就会缺少贯穿始终的文化指引，彰显古城个性的地域文化特色也就无从谈起。为避免这一现象的发生，我们从做"千年古府"梅城修复工程的第一天开始，就紧紧抓住地域文化复兴这个主题，把严州文化的发掘与建设，作为杭州古都文化和国际城市学内容的重要补充，进行全面部署。这当中，分阶段实施整理和出版"钱塘江学·严州文化全书"，就是抢救严州文化的具体行动，也是一项文化传世、惠及子孙的工程。

严州历史悠久，文化灿烂。习近平总书记当年在《与时俱进的浙江精神》（载《浙江日报》2006年2月5日）一文中提到："远在数万年前，浙江大地就已经出现了'建德人'的足迹。"因此可以说，严州是浙江省境内最早有人类活动的地区。严州在浙江的地位摆在那里，是毋庸置疑的。严州的前身称睦州，隋仁寿三年（603）置，州治在今淳安县。唐万岁通天二年（697）迁州治至建德县，建德改为州治自此始。宋宣和四年（1122）改睦州为严州。咸淳元年（1265）升严州为建德府，辖建德、寿昌、桐庐、分水、淳安、遂安六县。元改建德路。明初改建德府，洪武八年（1375）改严州府，沿袭至民国初年。严州，作为州府建制，存在1300年，一府六县，地域面积是杭州的三倍。划归杭州市之后，杭州市经济社会发展的战略纵深有了新领域和"后花园"。这是一笔宝贵的财富，我们应该倍加珍惜。

严州地处浙、皖、赣和钱塘江流域之要冲，襟三江，控五州，有"江浙锁钥"之称，自古是兵家必争之地，战略地位十分重要，是省城杭州西北方向的重要军事屏障，自古有"严州不保，临安必危"之说。古往今来，严州经历的战事数不胜数。明初，朱元璋争天下，在经营长江以南、开辟大明江山的时候，第一步就是兵出皖南，占领严州。以严州为中心，经闽、浙、赣，为扫平诸侯和大明王朝的建立奠定了基础。太平军四进四出严州，历经三年之久，与清军反复争夺，战况空前惨烈。全面抗日战争初期，严州作为杭州笕桥机场的支援和备降基地，发挥了重要的保障作用。渡江战役之后，人民解放军实施包抄战术，首先占领严州，然后进军解放杭州。可见严州与杭州的战略关联度十分密切。

严州山清水秀，风景旅游资源十分丰富，是历代文人骚客壮游吴越的必经之地。从谢灵运、沈约开始，到孟浩然、刘长卿、杜牧、范仲淹、陆游、黄公望、唐伯虎、纪晓岚等等，多少文人墨客在严州留下了不朽的诗篇。这些华丽的词章，不仅数量宏富，而且精彩佳作千年传唱，余音袅袅，不绝于耳。这些都是中华民族的文化瑰宝，需要充分发掘和开发利用。

严州，昔日的天下名州，有"龙兴之州，潜藩之地"之称，有宋一代，就有太宗、高宗、度宗，在登基之前，都领过睦州或严州的刺史、防御使或节度使。除此之外，高士名臣在严州为官，更是不胜枚举。宋代严州人、状元方逢辰有云："严之所以为望郡而得名者，不以田，不以赋，不以户口，而独以'云山苍苍，江水泱泱'，有子陵之风在也。"因此，严州也被称为"清虚之地"，特别是这里有国内罕见的街巷肌理保存非常完整、具有650多年历史的"一府双城"格局的州府古城。在目前的中国大地上，州府古城保护完整的已经是凤毛麟角了，严州古城的保护与修复，正好可以填补我国州府古城文化的空白，是丰富杭州都城文化的重要内容，也是对浙江省11个州府文化的重要抢救和发掘工程之一，其意义是十分深远的。严州古城的保护与修复，是贯彻落实市委、市政府拥江发展行动部署和要求，打造钱塘江国际滨水花园的文化节点和样板工程。这项泽被后世的工程做好了，杭州"旅游西进"就大有可为。

历经1300年的风雨，严州这一方热土，孕育出独特的文化基因，从而诞生了严州诗学、严陵理学、严州刻本学、严州牌坊学、严州方言学、严州史学等地域文化遗产，这些都是中国地域文化百花园中的奇葩，需要我们去发掘和传承。这些极具严州个性的文化遗存，也是我们杭州地域文化的标志之一，需要我们去抢救和呵护。因为一座古城的湮没，首先是文化基因的衰落。严州古城是一座远去的州城，在当代中国的地域版图上已经找不到"严州"这个名字。在城市化进程的滚滚洪流中，它已经奄奄一息，如不及时拯救，这座千年古府，会成为历史长河中的匆匆过客，很快就会被世人所遗忘。

这次由杭州市钱江新城管委会（市拥江办）牵头，以原严州府治首县建德为主，杭州运河集团配合的"钱塘江学·严州文化全书"整理出版工作，是一项功在当代、利在千秋的严州文化复兴工程。我们希望这一工程的实施，有助于寻找严州古府修复的正确路径，真正实现"再现'千年古府'新面貌"的宏伟蓝图。

"钱塘江学·严州文化全书"的整理出版，得到各级领导的关心指导和有关单位的大力支持，承担整理编写工作的多位专家学者付出了辛勤劳动，在此一并表示深深的感谢。

杭州市拥江发展领导小组办公室

2019 年 9 月

東至杭州府富陽縣界壹伯伍拾里

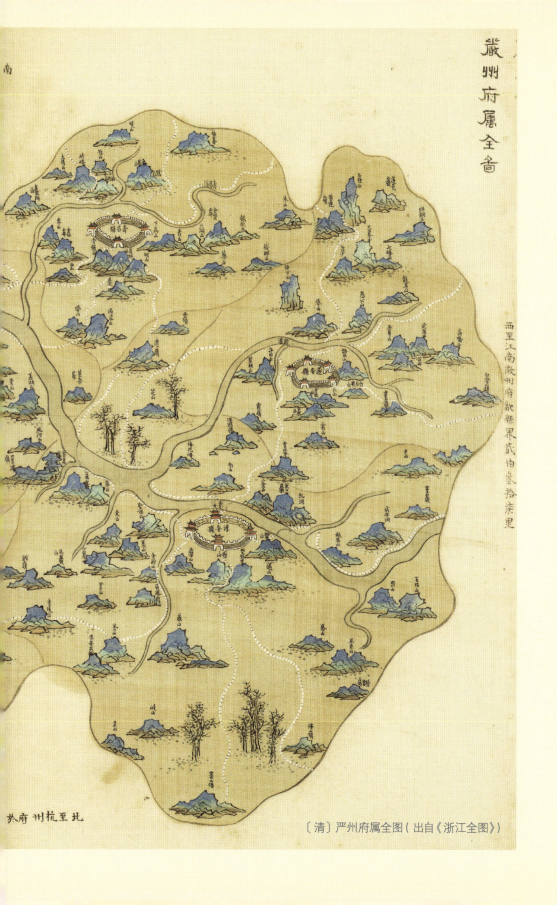

〔清〕严州府属全图（出自《浙江全图》）

序言

　　严州地区是一片古老的土地，历史悠久，文化积淀深厚。通过几千年来的发展，已经形成了具有鲜明个性色彩的特产，如严州生漆、严州白梨、睦州细茶、鸠坑红茶、八都麻绣、茶园青石板、茶园豆腐干等。

　　特产的生产具有一定的地域性。《晏子春秋·内篇杂下》中说："橘生淮南则为橘，生于淮北则为枳，叶徒相似，其实味不同。所以然者何？水土异也。"意思是淮南的橘树，移植到淮河以北就变为枳树，比喻同一物种因环境条件不同而发生变异。比如建德三都的橘子就受到新安江流域小气候的影响，具有独特的鲜味。再比如童家楠木林中的楠木，它的小树苗被村民移栽到离楠木林几公里外的地方种植，就不成活。所以，每一种物种都有适合自己生长的地理条件与气候条件。

　　特产是当地老百姓印象最深的记忆，一旦远离家乡，这里的特产就会变成美丽乡愁的重要组成部分。比如出生在建德梅城的海外游子，多少年没有回归故里，若有人回国，他就要求家人给他带去他从小就非常爱吃的一箱烧饼。宋代的欧阳修为张翰写过一首很有感情的诗："清词不逊江东名，怆楚归隐言难明。思乡忽从秋风起，白蚬莼菜脍鲈羹。"不少诗人因张翰的莼鲈之思，来江南感受莼菜鲈鱼的美味，尽管这莼菜和鲈鱼的产地并非他们的家乡，但借题发挥，抒发一下思乡之情，也非常自然。陈尧佐"扁舟系岸不忍去，秋风斜日鲈鱼乡"，写的就是这样的感情。宋朝诗人苏轼在流放岭南的时候，写过一首《食荔枝》的诗："罗浮山下四时春，卢橘杨梅次第新。日啖荔枝三百颗，不辞长作岭南人。"这就是特产的魅力，他连京城开封都不愿意回去了。唐朝诗人杜牧写杨贵妃"一骑红尘妃子笑"的诗句，就写出了特产的魅力。

特产是在时间河流的不断淘洗中成为名牌的。"名牌的一半是物质，一半是精神"，也就是说，当今的特产市场不仅仅是特产本身的竞争，还包括文化因素的较量。其实，特产市场发展到今天，文化因素已经开始逐渐发挥其决定性的作用。如果特产销售注入高质量的文化含义，以文化提升特产的"附加值"，让它带着文化的色彩去参与竞争，这一方面不仅能引起消费者的联想，使其产生美好的想象。另一方面特产文化还能够激发消费者心底的情感，震撼其心灵，从而使特产消费平添几分文化魅力。

特产文化的核心是特产，突破点是文化。挖掘特产自身所蕴含的文化信息，将其所蕴含的流行文化、文化理论、区域文化、文化遗产、传统文化、文化场馆及文化产业等相关信息充分挖掘，对于充分发挥特产资源优势，树立地区品牌意识具有非常重要的意义。

第一章
严州特产概述

一、什么是严州特产

特产指某地特有的或特别著名的产品，亦指只有在某地才生产的一种产品，具有浓郁的文化内涵。广义的特产，不仅指农林特产，而且也包含矿物产品、纺织品、工艺品等山货特产。一般而言，特产必须具备两个特点：一是地域性，这是形成特产的一个先决条件；二是

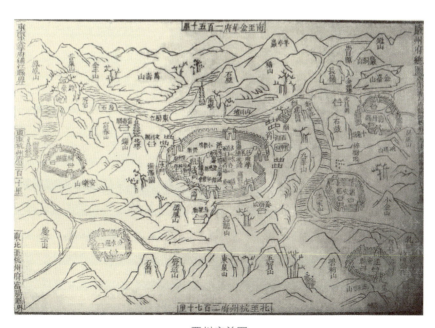

严州府总图

品质，无论是原料还是制品，其品质与同类产品相比，应该是特优的或有特色的。

那么什么是严州特产呢？严州特产就是在严州地域中生产出来的，具有严州地方文化内涵的产品。据《新唐书·地理志》卷五中记载："睦州新定郡，上。本遂安郡，治雉山。武德七年曰东睦州，八年复旧名。万岁通天二年徙治建德。天宝元年更郡名。土贡：文绫、簟、白石英、银花、细茶。"这是关于严州特产的最早记载。南宋绍兴九年（1139）陈公亮修的《严州图经》，在"土贡"一节中也有记载："《唐志》载：'贡文绫、簟、白石英、银花、细茶。'"另外，在《严州图经》中还有几处关于茶叶的记载，如："贡交梭、绢、白苎布、红花、竹簟、鸠坑茶、麦门冬煎、白蜜"，"惟蚕桑是务，更煮茶割漆，以要商贾懋迁之利"，"茶租钱：旧额一万二千三百八十贯文，今收三万一千三百八十贯文"，等等。从这些记载中，我们知道当时严州的茶叶种植与销售的规模还是比较大的。另外，在《严州图经》的《风俗》和《物产》两节中还有更多严州特产的介绍，如鳜鱼、鲥鱼、杨梅、枇杷等。

二、严州特产是严州文化的重要组成部分

严州文化，这个概念必须明确起来。按照通常的说法，文化就是人类社会历史发展过程中所创造的物质财富和精神财富的总和，但我们平时讲的文化更偏重于精神财富，如文学、艺术、教育、科学等等。如果套用这一说法，那么严州文化，就是严州人在历史上创造的具有地方特色的物质财富和精神财富的总和。所谓的严州文化史就是严州人创造物质财富和精神财富的历史。

严州这个地名在历史上经过多次变化。唐武德四年（621）于桐庐（今桐庐县西北）置严州府，唐武德七年（624）废除，置东睦州，翌年去"东"字。宋宣和三年（1121）又改睦州为严州，

莲　子

治所在建德（今建德的东北面），辖境相当于今天浙江的建德市、桐庐县、淳安县三县地域。宋咸淳初升为建德府，元改为路。明初改为建安府，洪武八年（1375）又改为严州府，直到1912年，严州府完成自己的历史使命，从此该地名停止使用。

严州作为一个地区级地方行政区，如果从唐武德四年（621）算起，不过一千多年的历史。不算太长，也不算太短。但是，严州作为区域社会或中国的文明地区，早在有严州这个地名或州府名称之前就已经存在，并在数千年间就已经成为在地理、经济、文化、风俗方面独具特色的区域社会。区域社会和区域史意义上的严州，其时空跨度就大大地超过了政区意义上的严州。

三、严州山川地域与气候对严州特产的影响

严州地处浙江中西部丘陵区，地貌以山地丘陵为主，有小片不连续平原分布。水系发育良好，淡水资源丰富，可开发水能潜力大。属中亚热带北缘季风气候，温暖湿润，雨量丰沛，四季分明，植物种类丰富多样。

·地质·

严州境内山地以低山为主，500米以上的山地主要分布在西北和北部。西北部由古生代的砂岩和灰岩等沉积岩系组成，地形破碎，山岭和岩层呈东北—西南走向。因岩性及构造的影响，山势陡峻，坡度常在30~45度之间。山坡流水侵蚀明显，切割较深，常见基岩裸露，相对高差一般达400~600米。山间沟谷狭窄，比降大，水力资源蕴藏丰富。

严州境内的丘陵则主要分布在南部和西南部，大部分为含砾火山凝灰岩，也有中生代红色砂页岩等沉积岩。地层较平缓，坡度常在15度以下，谷地比较开阔。表面形成3~5米厚的风化壳，表层发育有土壤。其中黄土丘陵已广为开发利用，种植茶叶、油茶和马尾松。

严州境内无连续大块平原，海拔50米以下的仅600平方公里左右，约占整个地区面积的10%。整个地区有7万公顷耕地，绝大部分集中在平原地区。平原主要分布在河流及沟谷两岸，在溪沟汇入干流的河口段常形成较大块的平原。这些平原有较长的形成过程，其土壤及排水条件都有利于耕作。

茶　山

·河流·

严州境内的水系属钱塘江流域。有富春江、兰江、新安江及其支流寿昌江、桐庐分水江 5 条河流。5 条河流的主支流有 90 余条，其中流城面积在 100 平方公里以上的支流有近 20 条。

新安江、兰江、富春江受新安江水库和富春江水库的调节，水资源比较丰富。严州境内新安江水电站坝体下游的"三江"已成为富春江库区，河道开阔，江水平缓。寿昌江等中小河流属典型的山溪性河流，河床比降大，源短流急，其流量受降水量控制明显，洪枯变化悬殊，水位暴张暴落。

新安江为钱塘江干流，源自安徽休宁县西南冯村乡六股尖（源头海拔1350 米）。萧士赟在李白《清溪行》"借问新安江"一句的补注中说："徽州在唐为歙州，在隋为新安郡。新安江者，凡水发源于徽者，皆曰新安江。"《水经注》称渐水，亦曰歙港，又名徽港，主源名枧溪，流至屯溪与率水会合后为新安江干流入浙江省淳安县，于新安江街道岭后村进入建德，向东流经新安江城区、洋溪、下涯、杨村桥，至梅城镇严东关与兰江汇合。新安江在严州境内河段长 140 公里，流域面积 2000 余平方公里。

·气候·

严州地区属亚热带季风气候区，气候温暖湿润，雨量丰沛，四季分明。以气温划分，春秋短，夏冬长，其中春季平均 65 天，夏季平均 120 天，秋季平均 65 天，冬季平均 115 天。

严州地区年平均气温 16.79℃，年总积温平均 6115℃。1978 年以来，极端最高气温 42.4℃，出现在 2003 年 7 月 31 日；极端最低气温 -8.0℃，出现在 1991 年 12 月 28 日。

四、严州特产中的人文历史

严州的历史如果从考古发现的"建德人"算起，那最少也有五万至十万年的历史了。严州悠久的历史对当地出产的特产也有着深远的影响。从某种意义上说，严州特产的历史是严州历史的重要组成部分，也是严州历史的缩影，至少也折射出严州历史灿烂的光芒。比如现在在淳安威坪一带还留存的八都麻绣就与古代山越民族原始古朴的生活有着很深的渊源关系。睦州细茶在《新唐书》中就有记载，是古代贡品，可见睦州细茶在当时茶叶中的地位，其品质之好是毋庸置疑的。严漆盛产于严州地区，是古代名贵家具的涂漆和王公贵族建造木结构房屋的重要原材料，一直受到上层统治者的重视。淳安特产——玉米馃和茶园豆腐干，也与当地人外出干活经商有关。所以说，有些特产也是劳动人民在生活实践与社会实践中总结摸索制作出来的，是劳动人民勤劳与智慧的结晶。另外，严州青石板是古代王公贵族建造房屋和牌坊及街道石板路的重要原料，如杭州清河坊附近的老街和古老建筑都是用严州青石板作为建筑材料的。这些饱经沧桑的石板就是历史的见证，因为社会需要，在当时便成了一个众人积极开采的产业。如今千岛湖的天池就是当时开采严州青石板留下来的遗迹，有着时代的印记。

《严州图经》中记载的特产

五、严州特产与严州风俗

　　风俗是我国一个古老的文化概念。随着时代的发展，风俗的概念也不断变化发展。至近代，风俗一词已经成为众多学者讨论的对象。风俗具有社会性、地域性、传承性和可变性等特点。此外，风俗还具有多种文化功能，这些文化功能对我们有着潜移默化的影响。

　　我国是一个多民族且地域辽阔的文明古国。各地区、各民族在长期的历史进程中形成了自己独特的文化，形成了与众不同的民风民俗，同时也在潜移默化中深受风俗的影响。此外，风俗自产生以来就与民俗有着千丝万缕的联系，两者有着众多共同的特性和内容。所谓"民俗者，风俗也"。我们可以将已有的民俗研究成果应用到风俗的研究上来。

　　严州特产是一种物质形态的东西，但很多时候却也是严州当地风俗的承载物，寄托着人们对美好未来的向往。比如，严州人过年要打麻糍，做年糕。年糕就是人们利用它的谐音（年高），即寓含着一年高一年，年年登上新台阶的意思。比如元宵吃汤团，就是象征团团圆圆的意思，中秋节吃月饼也是蕴含着团团圆圆的意思。清明要做米粉粿，也已经成为当地百姓的主要风俗。

　　风俗有其独特的起源、发展与传承历史。"风俗""民风"等词最早见于《礼记·王制》："觐诸侯，问百年者就见之。命太师陈诗，以观民风。"此外，《诗经》《管子》等文献中也有许多有关风俗的记载。至汉代，"风俗"一词则已普遍使用。这一时期出现了许多有关风俗的文史资料，如《史记·货殖列传》《汉书·食货志》《风俗通义》等。这些资料不但记录了当时的风俗，

清明蒸粿

而且对风俗的各个方面都进行了探讨，使得风俗的研究进一步发展。汉代以后，我国有关风俗的著作更是不断出现，如《岁时广记》《东京梦华录》《清嘉录》等，从侧面反映出风俗与人们的生产生活是密切联系的，风俗对人们有着潜移默化的影响和进行文化规范的作用。

综合中国古代的风俗观，我们可以发现古代学者对风俗有两个典型的概念：一是如《周礼》所说，"俗者习也，上所化曰风，下所习曰俗"；二是如《风俗通义》所说，"风者，天气有寒暖，地形有险易……俗者，含血之类，像之而生"。通过比较，我们可以看出风俗的这两种解释都有其合理之处，它们从不同的角度揭示了风俗的特点。前者主要从文治教化的角度出发，是就风俗形成的社会动力而言；而后者则主要是从自然和社会两个方面对风俗的产生作出解释，认为风俗兼具自然和社会的双重属性。

第二章

饮品

一、严州茶叶

（一）严州茶叶的历史

据 1974 年中国科学院考古学家对建德李家镇新桥村乌龟洞遗址所发现的"建德人牙"的考察证实：早在十万年前，"建德人"就在此栖息与劳作。这里群山蜿蜒起伏，气候温和湿润，土地疏松肥沃，适宜茶树和其他农作物生长。

严州之域的产茶历史，最早可追溯到汉代。据民国《寿昌县志》记载，在县西六十里的九都太华山，山势险峻，上矗云霄，山背为衢县界，上有岭，即太华岭。相传新莽时，"有壮士数十辈，倡义于此。闻光武兴，毁营归汉，至今巨石极多，是其压寨之遗迹也"。又云太华山"岭高而险，上矗云霄。岭旁多茶，味最美，相传上有仙茶数株"。九都，即今建德李家镇地域，为建德传统产茶区。太华岭系千里岗山脉，在李家镇内绵延十余公里，至今岭上遍布野茶。据此记载，建德有茶，当始于汉，甚至更早。

唐代严州的茶叶种植已初具规模。陆羽所著《茶经》在"八茶之出"中，曾记述了全国八大茶区，其中说道："浙西以湖州上，常州次，宣州、杭州、睦州、歙州下，润州、苏州又下。"唐人李肇《国史补》记载："风俗贵茶，茶之名品益众。剑南有蒙顶石花……湖有顾渚之紫笋……睦州有鸠坑。"当时主要贡茶有十四品目，其中浙江产制的湖州顾渚紫笋茶、婺州东白茶和睦州鸠坑茶独占三品。《新唐书·地理志》上载有天宝元年（742）睦州新定郡（今建德）土贡细茶。"细茶"当是《茶经》所载的"饮有觕茶（粗茶）、散茶、末茶、饼茶者"中所称的"散茶"，是一种由细芽叶烘焙而成的茶。可见建德不仅植茶比较普遍，而且散茶加工也已为民间所掌握。唐代，饮茶习俗在士大夫中兴起，成为上流社会的普遍嗜好。晚唐诗人吴融有《和睦州卢中丞题茅堂十韵》诗云"烟冷茶铛静，波香兰舸飞"，形象地描述了当时州治梅城一带煮饮茶的情形。唐代诗人贯休在桐江（富春江自建德梅城至桐庐段又称桐江）闲时所作的诗，多处写到茶，如"嘴红涧鸟啼芳草，头白山僧自扞茶""扣舷得新诗，茶煮桃花水"等，写出了其时七里泷、乌龙山一带的风光和植茶、煮茶的情形。贯休一生嗜茶。"茶和阿魏暖，火种柏根馨"，反映了贯休对饮茶十分地讲究。他的茶诗，也使得严州留下了茶与佛教关系密切的深深印记。

宋代时严州茶叶发展较快，茶文化繁荣，茶事活动较为活跃。其时严州茶区扩大，山区普遍植茶。范仲淹在知睦州军时所作的《潇洒桐庐郡》（注：桐庐郡为严州府的别称，州治在今建德梅城）曰："潇洒桐庐郡，春山半是茶。

新雷还好事，惊起雨前芽。"这正是睦州境内广植茶叶，春茶欣欣向荣的真实写照。"养茶摘蕊新春后，种橘收包小雪前。"北宋诗人梅尧臣《送余少卿知睦州》中的诗句，反映了宋时植茶已是山民的重要农事活动。其时严州境内的茶叶产量已有相当规模。《严州图经》卷二载："（严州）茶递年批发二百三十五万五千九百二十斤，计引钱三十九万八千三百七十贯文"，"绍兴己未额二百五十一万八千四百四十斤，计引钱四十二万六千九百五贯文"，"今批发二百五十八万三百八十斤，计引钱五十六万七千一百二十六贯文"，"递年住卖五千八百四十斤，计引钱一千三贯文。绍兴己未额六千一百斤，计引钱一千三十七贯文。今住卖五千八百斤，计引钱一钱二百七十六贯文"。又《严州图经》卷一载："境山谷居多，地狭且瘠，民贫而啬，谷食不足，仰给它州，惟蚕桑是务，更浍茶割漆，以要商贾懋迁之利。"可见茶叶不仅是宋代严州农业生产的主要内容，而且还是主要商品之一。

随着茶叶生产的发展，宋代饮茶习俗，由士大夫阶层向民间百姓普及。州治梅城已出现了叫"瓦子"的场所（宋《严州图经·内外城图》）。其时的瓦子，不仅是娱乐场所，还设有茶座、茶摊，娱乐之外，还可饮茶。娱乐和饮茶的结合，促进了市井茶馆业的发展。特别是南宋，政治中心南移临安（杭州）后，作为畿辅之地的州治梅城空前繁荣，呈现"千家楼阁丽朝晖""隔江三千家"的兴旺景象。商业街上茶楼酒肆林立，饮茶之风日盛。其时饮茶的方式，由煮饮茶过渡到以点茶为主，时兴斗茶。范仲淹在睦州任上写了一首叫《和章岷从事斗茶歌》的诗，记述了他与诗友、时任严州从事的章岷斗茶趣事，反映了当时在士大夫中盛行的斗茶已达到了很高水平。宋代诗人张伯玉任睦州通判、知州时，所作的多首诗都提到饮茶，其中《后庵试茶诗》不仅详细地记述了试茶的过程，而且将饮茶与幽静的周围环境和诗人的闲适心情融为一体。茶和诗的结合，斗茶的兴起，反映宋时茶文化已达到相当高的水平。另外，在小说《金瓶梅》第九十二回《陈经济被陷严州府　吴月娘大闹授官厅》中多处写到饮茶和赠送香茶的情节等。

严州在宋朝时的贡品茶有桐庐的天尊贡牙茶，据《分水县志》和《桐庐县志》记载："邑天尊岩产茶最芳辣，宋时以充贡。"在《浙江省桐庐县地名志》中载："天尊岩在歌舞乡尊岭东侧，海拔856米。其地巉岩陡峭，山势雄伟南宋州治梅城设有"都税务"和"东税务"两家税务机构，茶叶则是其重要的税收来源。州衙还设有"帐茶虞"一职专事茶事管理，与"设酒候"并列，可见茶叶在当时严州地方经济社会生活中的重要地位和当地茶事活动之盛。

明代严州从深山到新安江、兰江、富春江的三江两岸山地丘陵，遍植茶叶。明朝礼部尚书章懋出巡江南时有诗曰："舟过新安江，鼻间皆茶香。清风掀绿波，壶中养心汤。"诗中描绘了新安江两岸低丘缓坡茶园片片，春风拂过漾起层层绿波，坐在舟中的诗人，闻到飘来的阵阵茶香，形象地展现了当时建德茶叶种植的盛况。明代建德茶叶产量，据《万历续修严州府志》记载："建德茶课钞四百九十三锭四贯三百四十文。""茶课钞"即茶税收。据《明会典·茶课》，按每一百斤纳铜钱一千文（一贯）推算，年产茶约五千担，与宋元时产茶规模相当。明代制茶技术有较大改进，特别是明太祖朱元璋下诏废团茶改叶茶之后，散茶增多，炒青绿茶开始盛行，茶类呈现多元化。新茶芽、明茶芽成为严州向朝廷的土贡。是时饮茶习俗更加普及，"柴米油盐酱醋茶"的"茶"，成为百姓开门七件事之一。随着徽商的崛起，地处新安江、富春江、兰江三江汇合处的州治梅城更趋繁荣。特别是明中叶严州知府朱皑建成了沿江的南堤之后，形成了沿江东西走向的十分热闹的黄浦街，更促进了市井茶馆业的发展，乡村茶馆也随之兴起。《寿昌县志》载，寿昌城东清远亭近侧，明时有一洪氏草堂，城郭之外游客频至，草堂以茶会友。嘉靖十八年（1539），蕲州人寿昌知县顾问，游草堂品茗作诗，有"烹葵瀹茗对眠鸥"之句，是说草堂之上，吃的是刚刚炒制的新鲜葵花籽，品的是清泉沏的茶。此草堂实为茶亭、茶居，也即早期的乡村茶馆。明诗人、官稽勋郎中的袁宏道在《新安十首》诗中有"聚客多茶店，逢人上米滩"之句，可见其时城乡茶店之普遍。

历史上，严州民间不乏施茶之善举。大道旁、渡口边，建茶亭设茶供路人歇息解渴。明建德地方志载有乌龙山茶亭庵、城北陆家村且宜亭、城东丽钟寺源口石亭等多处亭庵，"煮茶以解行渴"，"煎茶以往来行人赖之"。施茶风的兴起，丰富了建德茶文化的内涵。

至民国年间，茶叶与社会生活关系更为密切。茶叶成为严州山民经济的主要来源。据史料记载，三都小里埠和富春江七里泷两岸，在深山冷坞里栽种茶叶，且山头遍布野山茶。每年采茶季节，成千上万妇女，或受雇于大户采茶，或上山采摘野山茶。由于野山茶茶质优良，茶商十分青睐。用野山茶嫩尖制成的"严州苞茶"，一时成为市场的抢手货，价格很高，以至于一座山采得的野山茶可以卖得"千两""百两"银子。"千两""百两"由此成为山名并沿称至今。清代画家、诗人计楠在严州教授时，所作的《晚憩茅庵》诗有"茶经晓雨采，樵趁夕阳归"之句，反映了其时乌龙山麓、富春江畔一带，种植茶叶成为当地农民日常劳作的主要内容。

晚清时期由于国际市场对茶叶需求旺盛，带动了我国茶叶出口，从而迎来了茶叶发展的相对繁荣时期。在此背景下，严州茶叶市场交易活跃，建德的梅城、寿昌、更楼、洋溪、大洋、乾潭、三都，淳安的威坪、茶园、汾口、姜家，桐庐的分水、深奥、横村等地均有茶行或兼营茶叶的商号。茶商将收购加工的茶叶通过水路运销到杭州、苏州、汉口、天津、广州等城市以至国外。据民国《建德县志》记载，清末民初，市场按茶质的优劣和包装不同，将茶叶分为箱茶、篓茶、袋茶、茶片、茶梗末出售，清廷按不同茶叶价格收取茶捐，商人则从交易中获取利润。地处三江口的严东关（馆），南宋时就设有"东税务"。清同治六年（1867）始设税局征税。同治十年（1871）添设税卡收取厘金。

（二）建德名茶

1. 睦州细茶

睦州细茶是古代的贡品茶，产于睦州，也产于睦州府所在地建德。这在《新唐书·地理志》卷五中就有明确的记载："睦州新定郡，上。本遂安郡，治雉山。武德七年曰东睦州，八年复旧名。万岁通天二年徙治建德。天宝元年更郡名。土贡：文绫、簟、白石英、银花、细茶。"宋陈公亮修的《严州图经》在"土贡"一节中这样记载道："《唐志》载：'贡文绫、簟、白石英、银花、细茶。'"那么什么是"细茶"呢？据《浙江茶叶志》作出的定义是："细茶是由一种细嫩芽茶叶经烘焙制成的散茶。"

自《新唐书·地理志》及《严州图经》之后，我们在历史资料中很少看到细茶的记载，但从其他书籍的记载中，仍能看到细茶的影子。比如沈括《梦溪笔谈》中的一则短文《各地茶情》中就记载："海州祖额钱三十万八千七百三贯六百七十六，受纳睦、湖、杭、越、衢、温、婺、台、常、明、饶、歙州片散茶共四十二万四千五百九十斤。"在全国各地的名茶中，睦州的茶叶占有一定的位置，这当然包括睦州细茶。在文学作品《水浒传》《金瓶梅》《官场现形记》等小说中都有关于严州喝茶的描写。他们喝的也不一定全都是细茶。那是否后来睦州细茶就销声匿迹了呢？不是的。睦州细茶在当地一些家谱中就有记载，如建德市三都镇乌祥村民国年间修纂的《王氏家谱》中的八景诗就这样写道："谁教龙眼放云崖，双井并开蓄水华。流石无声消碧浪，观天有影落红霞。邻家快取炊香稻，客座争来煮细茶。刺澉未烦班孟指，如今汲引味堪赊。"这首诗虽是山乡赏景喝茶，却写得很有气势，其中颈联就写到了细茶，这一联写出了喝茶人悠闲自在的美好心情，他们在尽情地享受农村丰收的喜悦。"客座争来煮细茶"一句中，我们感受到诗人邀请来的朋友对细茶都非常有兴趣，一个"争"字写出了他们热闹喝茶的场面和气氛。

据今建德茶叶专家张友炯介绍，古代睦州细茶的口味其实与后来的千岛银珍是相近的，后来的建德名茶千岛银珍与睦州细茶一脉相承，是逐渐演变过来的。

2. 严州苞茶

建德苞茶

苞茶是清代建德名茶，产地在今三都小里埠、梅城东关一带。清时，地处"三江口"的严州府治梅城，商贾云集，往来商船或航或泊，岸上茶楼酒肆林立。其时，皖南黄山毛峰十分畅销，价格很高，盈利丰厚，而货源却供不应求。精明的茶商便在三都小里埠仿制黄山毛峰，产品别具特色，芽叶连柄带蒂，形似含苞待放的兰花，但与黄山毛峰的形质又有所不同，故名"小里苞茶"。按浓度分为"顶苞""次苞"

两种。苞茶芽叶完整壮实，芽毫显露并带有金黄鱼叶，冲泡时叶柄朝下，沉浮于橙黄明亮的茶汤中，似天女散花，芳香四溢，既好看又好喝，一时名声大震，销路甚好。这时，商人觉得"小里"牌子太小，于是就将"小里苞茶"改称为"严州苞茶"。严州苞茶盛产于清末至抗战前夕，最高年产达400担，销往杭州、上海、南京、天津等地，并转销苏联和南洋各地。抗战后，茶市萧条，产量锐减。

3. 里洪坑红茶

里洪坑红茶是民国年间建德名茶，产地在今寿昌镇童家里洪坑。民国《寿昌县志》载："年产茶约五千担，以十都（今航头镇石屏）之绿茶、十二都（今寿昌镇童家）之红茶为最。"里洪坑红茶由寿昌秀峰茶庄，仿福建坦洋工夫红茶加工制作而成。1915年，由寿昌县政府送展的里洪坑红茶，在美国旧金山举办的巴拿马万国博览会上，与福建福安的坦洋工夫红茶同获巴拿马金奖。里洪坑红茶的制作，是在鲜叶摊放后，无需杀青，经萎凋、揉捻（旧时人工脚踩）、发酵、烘焙等程序加工而成。不杀青，能保持茶叶中酶的活性，通过萎凋和发酵又可以增强酶的活性，使里洪坑红茶具有坦洋工夫茶"红色红汤"的特色。

里洪坑红茶

4. 十都绿茶

十都绿茶为建德历史名茶，民国《寿昌县志》有载，产地在今航头镇石屏老鹰岩。该地海拔600多米，其坡地土质为黄沙土，内含诸多矿物质。茶树常年受雾气侵润，茶质特好。寿昌秀峰茶庄用老鹰岩茶叶加工制作的毛峰茶，形似雀舌，清香可口，色味俱佳，于1929年获西湖博览会银奖。

5.天井贡芽

据《万历严州府志》记载，淳熙十三年"本朝芽茶一十八斤，自永乐二年始"。清《续通典》载："严州府建德贡茶五斤。"但两书均未载明贡茶出自建德何地。而在建德乾潭镇罗村一带，有关天井贡芽的传说，世代流传。为此，2011年下半年，乾潭镇茶文化调查组专门探访天井源的老茶农，终于弄清了天井贡芽的来龙去脉。天井源位于建德与桐庐接壤处。上天井属桐庐，下天井属建德。天井峰海拔700多米，云雾缭绕中，一棵古老茶树时隐时现，被当地人称之为"娘娘树"。据传，天井贡芽宋代已有，是由清明前采摘的雀舌（嫩茶芽）加工而成。这种茶，必须是栽培于阳面山坡地的茶叶，光照充分，茶芽先萌，采摘要精选雀舌茶芽。经杀青、揉捻，再炒干（当地方言叫"烩茶叶"），或用薪炭火烘焙干，始得天井贡芽。

6.千岛银针茶

千岛银针茶，荣获"国家农产品地理标志保护产品""中国首批中欧互认地标产品""中国杭州十大名茶""浙江名牌产品""杭州七宝"等荣誉。

千岛银珍

该茶选用有机茶园春季萌生的匀整肥壮优质单芽，经独特工艺精制而成。其外形挺直似针，色泽嫩绿鲜活，汤色嫩绿明亮，香高浓郁，鲜醇回甘，冲泡后，悬垂玉立于杯中，具有极佳的饮用和观赏价值，被茶友誉为"会跳舞的茶"。千岛银针茶是由其独特的自然环境、独特品种、独特生产工艺等要素共同形成。

（三）桐庐名茶

1. 天尊贡芽茶

天尊贡芽（曾称天尊岩茶），产于桐庐县歌舞乡，曾是南宋时的贡品，为浙江省历史名茶之一。

查《分水县志》和《桐庐县志》可以得知：邑天尊岩产茶最芳辣，宋时以充贡。在《浙江省桐庐县地名志》中载："天尊岩在歌舞乡天尊岭东侧，海拔856米。其地巉岩陡峭，山势雄伟险峻，按义得名，俗称罗坞头，昔时产茶列为贡品。"明清以来，按《浙江名茶录》记载，著称于时的品目有"分水天尊茶（分水贡芽茶）"。

歌舞乡（现属钟山乡）位于桐庐县中南边陲，境间群山逶迤，峰峦层叠，溪涧纵横。茶园土壤以黄壤土类黄壤亚类的山地黄泥土为主，山地黄泥沙土为次，土层较深厚，有机质含量为5%左右，pH值5.3～5.4。气候及土壤条件颇适宜茶树生长，尤因峰峦叠翠，漫射光比平原低丘多，且夏季多雷阵雨，早晨多雾，湿度大，昼夜温差大，有利于茶叶芳香物质和内含成分的积累，芽叶的持嫩性较强。

1985年5月，在浙江省茶叶学会组织的选送全国名茶评选中，天尊贡芽因其香气、滋味名列前茅，品质优良，荣获表扬。1986年5月，在省六届名

天尊贡牙茶产地

茶评比中获省一类名茶奖。1987 年，在浙江省首届斗茶会上，天尊贡芽被评为上等名茶，并连续三届被评为杭州市名茶，且相继获得省七届、九届名茶评比一类名茶奖，1991 年获省农业厅颁发的浙江省名茶证书，同年获中国杭州国际茶文化节"名茶新秀"奖，全国"七五"星火计划成果博览会金奖。

天尊贡芽茶的采摘标准为一芽一叶初展，不采露水叶、雨水叶、紫芽叶、冻伤叶、虫伤叶，轻采轻放朵朵完整。一般制 1 千克干茶需芽叶 5 万朵左右。制作经鲜叶摊放、簸片、杀青、轻揉、初焙、摊晾、复焙、提毫等工艺工序，其制作特点是：薄摊吐芳、高温透杀、轻揉促质、熏炒提香，融传统工艺与新工艺于一体，臻乎形质兼美，堪称珍品。此茶冲泡后，嫩芽朵朵，状如雀舌；香气清高持久；外形似寿眉，银毫披露，绿中透翠；汤色嫩绿明亮，滋味鲜爽醇厚。颇有"寒过适逢春，吐芳先献奇。甘味引神爽，清香更袭人"之慨。

"君山凝成云雾质，仙庐飘出万里香"。天尊贡芽茶的问世，博得社会的瞩目。1986 年春，当代著名画家叶浅予教授回故乡桐庐创作《富春人物图》时，曾专程赴歌舞乡描绘天尊贡芽茶采制场景并创作画卷。著名茶叶专家庄晚芳教授在该茶鉴定会上即兴挥毫写了"瑶琳钓台客欢游，品赏贡芽神更幽。气味清香别有格，名茶四美永传流"以赠之。

2. 雪水云绿茶

"雪水云绿"为浙江现代新创名茶，属绿茶类针形茶。

桐庐气候属北亚热带南缘季风区，四季分明、温和湿润。在产茶山区气温"冬寒、夏凉、春秋暖"，常年多云雾，空气清新，昼夜温差大，夏季多雷阵雨，林间多漫射光。土壤以黄壤亚类的山地黄泥土和黄红壤亚类居多，土层较深，一般有机质、全氮、速效钾含量丰富，pH 值在 4.3 ～ 5.5 间。自古以来，产茶历史悠久，可谓山山有茶，山因茶而显秀，茶因山而得美。茶生育在山高水长的环境中，天生丽质，品第上乘。

"雪水云绿"是继"天尊贡芽"后于 1987 年春，由高级农艺师卢心寄在歌舞乡试制出的样品，5 月在浙江省首届斗茶会上脱颖而出，获优秀名茶奖而崭露头角。后由卢心寄为课题主持人，钟为有、郑樟林、钟为淦、陆爱群为课题组成员，于 1988 年春，择新合乡山桑坞自然村为试点，当年该茶分别获杭州市名茶奖和省一类名茶奖。后经层层技术培训，此茶在三年间生产扩大到全乡。1995年起再普及到全县。随着历年评比的屡屡夺金，知名度和美誉度逐年提升，现已成为镶嵌在富春江畔的一颗璀璨明珠。

雪水云绿茶

雪水云绿茶的采制工艺十分讲究，鲜叶的采摘标准为单芽，要求朵朵完整，不采雨水叶、虫病伤叶、紫芽叶。手工制作工艺分鲜叶摊放、簸片、杀青、初焙、整形、复烘、熏炒等工序；机制工艺按鲜叶摊放、杀青、簸片、初烘、理条、整形等工序；所制毛茶必须再经精制分级，才达商品茶规格。

其成品茶品质特点：外形造型似莲芯，挺直玉翠，汤色明亮，香气清高，滋味鲜醇，叶底全芽。特别是冲泡时芽芯上下浮沉，碧芽水底立，生机盎然，具观赏美与品味佳于一体而深受广大消费者的青睐和专家学者的赞誉。

雪水云绿茶研创问世以来，桐庐县委、县政府以品牌建设为抓手，于2005年12月成功获得"雪水云绿"商标，随后又相继注册了10余个相关门类的"雪水云绿"文字商标。紧接着又成功注册了"桐庐雪水云绿茶"证明商标，实现了原产地保护。在2006年取得杭州名牌和杭州市著名商标称号的基础上，于2007年取得浙江名牌产品称号，2008年1月又取得了浙江省著名商标称号，11月又被评为杭州"七宝"，其产地也多次被评为"全国重点产茶县"。

（四）淳安名茶

1.鸠坑毛尖

鸠坑茶，陆羽专著《茶经》称"睦州贡鸠坑茶"，唐代列为贡品。据《严州府志》记载："淳安茶旧产鸠坑者佳，唐时称贡物。"《翰墨全书》有"鸠坑，在黄光潭对涧，二坑分绕，鸠坑岭产茶，以其水蒸之，色香味俱臻妙境"的记载。宋代陈咏《全芳备祖》载名茶产地"睦州鸠坑"。明李时珍《本草纲目》中有"睦州之鸠坑"被列为唐代"吴越名茶"的记载。

在淳安县鸠坑乡，茶叶在整个婚嫁礼仪中，扮演着举足轻重的角色。订婚时称"订婚茶"，男女双方议定结婚日期时称"定亲茶"，洞房花烛时称"合卺茶"，连聘金都称为"茶礼"。在这一带的山村里，曾有这样的习俗，姑娘要在出嫁那年春天的谷雨日，躬身采制四两茶叶。出嫁那天，用白色绸缎或白手帕包好茶叶，放在内衣的怀中，入洞房后亲自泡一杯给新郎喝，以表新娘纯洁之意。

丧礼和祭祀中，同样随处可见茶的身影。入殓前，要先在棺材底撒上一层茶叶、米、豆，出殡时也要撒上这三样。每年春节祈福祭祀，家家户户堂前桌上摆放五个酒盅，倒满清茶，供品中必有干茶叶。或许，在另一个世界，依然需要这杯茶来承载化不开的乡情。甚至，连满月、周岁、做寿，都与茶有关。淳安有这样的习俗，孩子出生后，三日要吃"三朝茶"，一个月要吃"满月茶"，一岁要吃"周岁茶"。家中有人做寿，也要吃"长寿茶"。

1958年，新安江水库建成之前，在鸠坑附近的淳安赋溪村中著名的七层宝塔培风塔将被拆除，省考古队在塔基内挖出了意想不到的东西——作为镇塔之物的茶叶。茶，在淳安人心里，何其重要。

鸠坑毛尖属条形烘青绿茶类。分特一、二、三级和普通一、二等。清明前采摘特一毛尖茶，制作工艺非常讲究：所采青叶以一芽一叶初展为准，鲜叶拣剔摊放，加工时，高温杀青，发挥低沸点的芳香物质，去净青草气，再经清风扇末，揉捻上烘，至茶芽不粘手即整形做条；当茶条紧直，基本定型后速转提毫，然后低温慢烘至茶香阵发止，即成商品茶。特级鸠坑毛尖，外形硕壮紧结成条、色泽翠绿、银毫显露、香气清高、持久，滋味醇厚、鲜爽、耐泡，汤色嫩黄，清澈明亮，叶底黄嫩、厚实、匀齐。特级毛尖形似笔尖，长短大小一致，无鱼叶、茶蒂及其他杂物。每250克干茶约4000~5000枚芽叶。1985年，鸠坑毛尖茶被农牧渔业部评为优质产品，商业部全国16大名茶之一。1986年，鸠坑毛尖、毛峰茶产茶2.25吨。是年，颁发浙江省名茶证书。1991年，鸠坑雀舌茶获杭州国际茶文化节名茶新秀二等奖。1999年，产茶99.18吨。2002年，获"中国精品名茶博览会金奖"。2004年，鸠坑毛尖茶获中国新品名茶博览会银奖。2005年，全县产鸠坑毛尖（含毛峰）茶70.60吨，产值606万元。

2. 遂绿眉茶

绿眉茶产地遂安，以形似黛眉而得名，为中国茶叶珍品。早在清朝末年即大量出口，远销 50 多个国家和地区，在国际市场享有盛誉，被誉为"绿色金子"。

遂绿眉茶的青叶，选自淳安县境内海拔 500 ～ 1000 米的高山云雾茶园。精制的遂绿眉茶以毛茶过筛后，按茶的细嫩程度、条索长短和粗细形状，经精加工分为特珍、珍眉、秀眉、雨茶、贡熙等 5 大类 24 个等级。特珍特级眉茶，其外形条索细嫩紧结，显锋苗、匀齐、平伏，色泽绿润起霜，净度高，内质香气鲜嫩、持久，滋味鲜浓醇厚，叶底嫩匀显芽，嫩绿明亮。内含物丰富，能止渴生津、减肥、助消化。精制眉茶特珍、雨茶等产品 1981 年获国家对外贸易部荣誉证书。1986 年，淳安县生产精制眉茶 3690 吨。是年，淳安茶厂生产的"天坛牌"特级珍眉获西班牙第二十五届世界优质食品评选绿茶金质奖。1990 年，特珍雨茶获国家银质奖。特珍一级、特珍二级分别获全国首届食品博览会金奖和银奖。1998 年，淳安县精制眉茶 1288 吨。2005 年，全县精制眉茶 7814 吨。

3. 严家大方茶

严家大方茶，俗称金片（京片）、拷方、铁叶大方，系淳安历史传统名茶，是浙江省茶谱中一枝奇葩独秀。据史载，其在五代即为贡品名茶，清陆廷灿《续茶经》引《旧五代史》载："后梁乾化五年两浙进大方茶二万斤。"可见，大方茶的生产已有千余年历史。

严家大方茶产于淳安西北海拔 500 ～ 800 米的严家、闻家、王阜、长岭、秋源、瑶山等高山地区。以严家、闻家、石柱（长岭）为优。西北地区年平均温度 14 ～ 16C°，无霜期 200 多天，日照短，湿度大，终年云雾弥漫，土、气、水等自然条件利于茶芽生长发育。严家大方茶，制茶工艺独特：杀青使用肚大口小的"磨级锅"，经轻短揉捻、整形，加入少许菜油熏锅，手势轻匀缓慢制作而成。其外形扁平挺直，条形稍宽，芽叶肥厚，沏入杯中，色泽乌绿油润，滋味浓郁可口，齿舌留香，汤色碧绿、明净，素有"上品绿茶"之称。

中华人民共和国成立后，严家大方茶得到发展，1965年，全县生产73.15吨，1988年生产40.89吨。2005年，全县产严家大方茶10吨。茶叶远销天津、山东等地区。

4. 千岛玉叶

千岛玉叶属扁形炒青绿茶类名茶，1982年，由淳安县林业局排岭林场创制。主要茶区分布在千岛湖畔各岛屿，庞大水体的调温效应，使气候温暖湿润，环境优美，茶树葱绿，鲜叶质好量高。特级千岛玉叶鲜叶一芽一叶占90%以上，1千克干茶含4万多个芽头。其外形扁平光滑，尖削硕壮，似西湖龙井茶，沏入杯中色泽嫩绿，香气高爽持久，滋味鲜爽甘醇。

千岛玉叶的加工程序为杀青做形、筛分摊凉、熏锅定型和分筛整理4个阶段，各套工序严密紧凑。千岛玉叶茶经浙江省食品卫生监督检验所鉴定，其感官指标和理化指标均符合国家卫生标准，经商标局批准注册为"千岛玉叶"产品商标。著名茶叶专家、浙江农业大学庄晚芳教授为"千岛玉叶"茶题签。1985年，在浙江省名茶评比会上被评为优质茶，获浙江省科技进步二等奖。2001年，获浙江省名牌产品。2002年，获中国精品名茶博览会金奖。2005年，获浙江省著名商标、中国茶叶流通协会放心茶推荐产品。5月，"睦州牌"千岛玉叶茶和"商辂坊"牌千岛湖龙井茶获中国济南第三届茶博会金奖。8月，千岛玉叶名茶被评为浙江省十大旅游名茶。是年，全县生产千岛玉叶名茶1785.80吨，产值21048.40万元。

5. 千岛银针

千岛银针茶，属针形炒青绿茶类。为淳安宋村乡于1997年开发的名茶新品种。千岛银针茶，鲜叶以单芽为主，含少量一芽一叶初展芽叶。

千岛银针制作工艺流程须经杀青、理条、做型、回潮、熏干等工序。其外形似松针，匀直有锋苗，圆壮而挺秀，色泽翠绿，汤色嫩绿明亮，滋味鲜爽甘醇。冲泡杯中嫩芽悬立杯底，仙姿神态。2003年、2004年，分别获上海国际茶文化绿茶类优质奖和中国新品名茶博览会金奖。2005年，被评为淳安县名牌产品。

千岛银针下还有分类为"秀水玉针"的名茶，2004年获中国新品名茶博览会银奖；2005年，被评为杭州市著名商标。2005年，全县产千岛银针茶623.70吨，占全县名茶总产量的25.05%，产值8534.20万元，占全县名茶总产值的28.30%。

6. 鸠峰香茗

"睦州牌"鸠峰香茗属卷曲绿茶类，产于鸠坑茶区。鸠峰香茗其外形紧细卷曲披毫，色泽嫩绿光润，香气高锐持久，滋味鲜嫩甘醇，汤色清澈明亮，叶底嫩绿匀亮。2005年，开发试产并通过有机产品认证，被首届中国茶叶经济年会指定为礼品茶。5月，获第三届国际茶博会金奖。是年，产量700千克。

7. 安阳白茶

白茶，顾名思义茶色皆白，一般地区不多见。因采摘鲜叶细嫩，叶背多白茸毛的芽叶，加工时不炒不揉，晒干或用文火烘干，使白茸毛在茶的外表完整地保留下来，故呈白色。安阳白茶外形细秀，形如凤羽，满披白毫，色如玉霜，光亮油润，如银似雪而得名。白茶香气鲜爽馥郁，沏入杯中叶张玉白，茎脉翠绿，滋味鲜爽甘醇，汤色鹅黄，清澈明亮，毫香清鲜，很受消费者青睐。白茶富有多种氨基酸，具有很高的营养价值，是茶叶中的精品。安阳乡白茶园环境优美，气候宜人，茶叶长势清秀，品质高雅，所产白茶成为市场的抢手货。2005年，全县白茶面积达120公顷。市场价每500克干茶600元左右。

8. 黄金茶

黄金茶属药茶的一种，由柳叶蜡梅叶精制而成。柳叶蜡梅树生长在海拔500米以上的高山上，用其叶制成的茶具有清醇解暑健脾和养胃等功能。据传，唐末黄巢起义军转战浙西，中暑腹泻，有乡民献此茶喝后病愈，义军便以黄金换之，故名"黄金茶"。2005年，中洲镇建立柳叶蜡梅栽培基地86.67公顷，注册"黄巢坪"牌商标。是年，生产黄金茶20吨，产值200多万元。产品销往上海、杭州等地。

9. 苦丁茶

黄金茶

苦丁属冬青科常绿乔木，虽不属茶叶纲目，但当地先民早在千余年前就已采叶制茶。苦丁茶资源丰富，分布广，白马、许源、安阳、严家等山区分布最多。苦丁茶，喝后生津止渴，解腻爽口，助消化，有提神醒脑等功效，对痢疾、咽喉炎、肥胖症、高血压等疾病具有较好的疗效。至 2005 年，全县有苦丁茶面积 133 公顷，产茶 3.50 万千克，产值 130.50 万元，其中安阳、梓桐、千岛湖等乡镇有集中连片人工栽培苦丁茶面积 14.86 公顷，产量 8900 千克，产值 71.20 万元。

二、严州名酒

（一）严东关五加皮酒

严东关五加皮酒是浙江省建德市的地方传统名酒，中国国家地理标志产品。

严东关五加皮酒因产于浙江省古严州府（今建德梅城镇）东关而得名。严东关五加皮酒以纯粮白酒为酒基，用五加皮、党参、当归、木瓜、砂仁、肉桂等名贵中药材浸泡后，添加糯米蜜酒和白砂糖，精心勾兑而成。酒质醇厚，色泽红褐泛金黄，酒渍粘杯，具有消疲解乏、活血祛湿、添精补髓、健身益寿之功效。

2006 年 12 月 31 日，国家质检总局批准对严东关五加皮酒实施地理标志产品保护。

·历史溯源·

五加皮酒的故乡在浙江省古严州府（今建德梅城镇）的严东关。其背靠巍巍乌龙山、南北双塔，面临清澈的新安江与兰江、富春江汇合而成的三江口。

梅城严东关有着悠久的酿酒史和丰富的酒文化。早在宋代，严州所产之"潇洒酒"就已销往临安。宋人罗大经《鹤林玉露》记有一则故事，提到了潇洒泉酒，可知潇洒泉酒在当时已为名酒。

严东关五加皮酒

关于严东关是五加皮的原产地，在《建德县志》等历史文献中均有详细记载。严东关一带的九姓渔民，长期以来在风雨中劳作，具有祛风去湿、强筋解疲之健身功能的美酒——五加皮酒，便一直在九姓渔民中及民间享有盛誉。早在清咸丰年间，梅城的胡亨茂、九德堂、济成堂药房就已按古方配制生产五加皮酒，深受消费者欢迎。直到清同治年间，有位名叫朱仰懋的徽州药商来到严东关，从民间获得五加皮酒的祖传秘方，在此设坊批量生产，使五加皮酒声名鹊起，随后各种五加皮酒应运而生，各种品牌争奇斗艳。严东关五加皮酒通过严东关码头运输船只销往各地。朱仰懋以《中庸》"致中和，天地位焉，万物育焉"之句，为事业抱负，于同治年间在严东关招股设店，以"致中和"为店号，严格配方，精心酿制，其酒质量特高。酒色在橙红中透映出金黄的亮光，入口甘醇，舒嗓喉，落杯有"酒油"现象（粘碗）。此酒因配有多味中药，故能活血去湿，舒筋解疲，强肌健身，深受饮者喜爱。五加皮酒先畅销江西、福建、广东等省，后备受东南亚各国欢迎，盛销不衰。光绪二年（1876），此酒在新加坡南洋商品赛会中获金质奖。1915年2月，在旧金山巴拿马万国博览会上获银质奖。1929年7月，在西湖国际博览会上获优等奖。

五加皮酒在1897年产量曾达千吨。1942年5月，日本侵略军进犯建德，惨遭掠夺，7月又遇特大洪水，酿酒物资损失殆尽。1945年抗战胜利后，徐厚斋、沈牧卿等人，欲重振旧业，勉力开张，却因物价飞涨，税捐繁重，于1949年闭门歇业。

1956年，新安江酿造厂（1980年更名为建德严东关五加皮酒厂）聘请原

"致中和"的老技师，按原配方恢复生产，并采用传统包装，用万年红纸帖。为馈赠需要，又特设葫芦型酒瓶，古雅飘逸，深受顾客欢迎。1980年被评为省优质产品。1984年被评为省最佳日用消费品；获轻工业部全国酒类质量大赛铜杯奖。1983年产量1.06吨。

·产地环境·

梅城严东关位于新安江畔，著名的严东关五加皮酒就产自这里。新安江发源于安徽南部山区，自西向东贯穿建德全境。梅城严东关以上为新安江，以下则为富春江，最后经钱塘江流入大海。

新安江水透明见底，水质清纯爽口格外优良。江水水温常年保持在14℃，江上四季都有浓雾弥漫，气候湿润，对制曲、发酵、窖醅都十分有利。同时也十分适宜五加皮酒原料苦荞麦和黄栀的生长。新安江水质优异，酿制五加皮酒的水来自新安江边的井水。严东关酒厂酿酒用水取自酒坊后的泉井。

·产品荣誉·

清光绪二年（1876）远涉重洋行销海外，在新加坡南洋商品赛会上荣获金质奖章。1915年2月在巴拿马万国博览会上荣获银质奖章；1929年7月，在西湖国际博览会上荣获优质奖章，"严东关五加皮酒"从此名扬四海，成为中国别具一格的传统名酒，一直享誉至今。严东关这个滨江小镇也因五加皮酒誉满天下。"严东关五加皮酒"也成为原产地域产品的通用名称被大众所公认。严东关五加皮酒成了一道亮丽的风景线。

·地理标志·

根据《地理标志产品保护规定》，国家质检总局组织了对严东关五加皮酒地理标志产品保护申请的审查。经审查合格，批准自2006年12月31日起对严东关五加皮酒实施地理标志产品保护。

·地域保护范围·

严东关五加皮酒地理标志产品保护范围以浙江省建德市人民政府《关于划定严东关五加皮酒地理标志产品保护区域的函》（建政函〔2006〕13号）提出的范围为准，为浙江省沿新安江流域的建德市梅城镇、三都镇、乾潭镇、杨村桥镇、下涯镇、新安江街道、洋溪街道和更楼街道等8个乡镇（街道）

现辖行政区域。

·质量技术要求·

原辅料：

1. 粮食白酒。（1）以粮食为原料，符合国家标准要求。（2）曲种采用传统工艺制作，拌入曲种后，经过蒸煮、糖化、发酵、蒸馏制成粮食白酒。（3）要求为无色清亮透明、口感柔和、香气浓郁、酒体协调且有余香，理化指标为：酒精度：$\geq 46\%$（vol），总酸：0.20 至 1.0g / L，总酯：≥ 1.20g / L。

2. 蜜酒。（1）选用淀粉含量高、蛋白质和脂肪含量低，支链淀粉比例大，颗粒饱满、光洁度高的本地产的糯米酿造。（2）按传统淋饭工艺前发酵生产成甜酒酿，再掺入适量的粮食白酒后发酵。（3）曲种是利用当地独特的气候地理条件，采取传统工艺自制。（4）后发酵三个月以上，储藏六个月以上。（5）要求为黏稠液体、口味鲜甜、醇厚粘唇、色如莹玉、香气诱人。

3. 药汁。（1）中草药：符合《中华人民共和国药典》。①五加皮：要求呈长筒双卷，内表面淡黄色，体轻、质脆。产地浙江磐安。②当归：要求主根粗短、黄棕色、肉质肥大、香气浓郁。③枸杞子：要求果肉肉质柔润有黏性，粒大、色红、肉厚、质柔软、籽少、味甜。④玉竹：要求质硬而脆而稍软，呈长圆柱形，条长、肥大、味甘有黏性、色黄白色。⑤栀子：要求呈长卵圆形或椭圆形，表面红黄色或棕红色，果皮薄而脆，饱满、色红。⑥木香：要求呈圆柱形，体较轻，质硬而脆、易折断、条粗、香气浓。（2）浸提工艺：①药材选用分级浸泡，连续在基酒中进行四道浸泡工序。②药材浸泡采用的基酒浓度：50%（vol）（±1）。③浸泡温度：常温浸泡。④药材浸泡分为单味药材浸泡和综合药材浸泡。⑤药材浸泡时间：每汁浸泡不少于 20 天，单味药材浸泡应根据药材的性能确定浸泡时间，如呈色的药材浸泡时间可缩短 5 至 7 天。⑥药材浸泡的方法和条件：采取封闭式浸泡，每旬翻动一次，浸泡所用的基酒用量应掌握液面高出药材 10 至 15 厘米。⑦药渣采用甑桶蒸馏，蒸馏出的酒液用作调味酒。

4. 水：粮食白酒、蜜酒的酿制包括曲种的制作以及成品酒的配制，采用新安江水，符合国家饮用水标准。

5. 白砂糖：符合 GB317–1998 要求。

·生产工艺·

将原料准确计量加入到配制罐内,其中蜜酒用量不得低于成品酒量的10%。各原料按一定添加顺序放入配制罐。采用粗滤和膜精滤。酒液储存三个月以上。成品酒包装前再精滤一次。

(二)莲子酒

·莲子酒的起源·

北方酒以麦曲为主,在晋代南方已有出现了团状的米曲。晋人嵇含在《南方草木状》中记载了南方的草曲,也就是米曲,这是关于南方小曲的最早记载。小曲一般是江南所特有的,从晋代第一次在文献中出现以来,名称繁多,宋代《北山酒经》中共有四种。其制法大同小异,采用糯米或粳米为原料,先

里叶白莲

浸泡蓼叶或蛇麻花,或绞取汁。取其汁拌米粉,揉面米团。莲子酒是建德人生产生活和智慧的产物,莲子作为一种经济作物,也是江南最常见的水生植物,它普遍生长在江南的阡陌水田、池塘湖泊中,冬残夏盛,换季布景,每年成熟一季,给我们提供鲜甜纯净的果实。

莲子酒与玉米酒、地瓜酒、葛根酒、金刚刺酒、金樱子酒一样,起源都是在新中国诞生之初,百废待兴而又自然灾难不断,生产力低下。粮食青黄不接,就更不能多用粮食来酿酒。那时候,国家鼓励人民用杂粮和非粮食作物酿酒,国人的非凡智慧开始爆发,各种各样的酒被试验发明出来,其中不乏品质超过主粮酿造的酒类,莲子酒就是其中一个。

·莲子的保健效果·

莲子性平、味甘涩,入心、脾、肾经;具补脾止泻、益肾涩清、养心安神之功效。中医常将莲子用于夜寐多梦、失眠、健忘、心烦口渴、腰痛脚弱、

耳目不聪、遗精、淋浊、久痢、虚泻、妇女崩漏带下以及胃虚不欲饮食等病症。

莲子善于补五脏不足，通利十二经脉气血，使气血畅而不腐。莲子所含氧化黄心树宁碱对鼻咽癌有抑制作用。莲子所含非结晶形生物碱N–9有降血压的作用。莲子中所含的棉子糖，是老少皆宜的滋补品，对于久病、产后或老年体虚者，更是常用营养佳品。

莲子酒

·莲子酒的制作方法·

1.原料：莲子（100克）、白酒（500毫升）。2.步骤：将莲子去皮、心，放入瓶中，倒入白酒，密封浸泡15日即可。3.用法：口服。每天两次，每次20毫升。

·莲子酒的功效与作用·

1.莲子酒因莲子与酒合用，有安心神，健脾止泻，益肾止遗之功。2.可治疗心悸失眠，脾虚久泻，遗精带下。莲子对预防早产、流产、孕妇腰酸最有效。3.莲子味甘、涩，性平，归脾、肾、心经，有补脾止泻、益肾涩精、养心安神之功。4.适宜人群：适用于心肾不交或心肾两虚之失眠、心悸、遗精、尿频、白浊、带下、脾虚泄泻等症。另外，还可补虚损、抗衰老。

·莲子酒的用曲·

莲子酒是小曲酒。现在酒曲大致分为五大类，分别用于不同的酒。它们是：麦曲，主要用于黄酒的酿造；小曲，主要用于黄酒和小曲白酒的酿造；红曲，主要用于红曲酒的酿造（红曲酒是黄酒的一个品种）；大曲，用于蒸馏酒的酿造；麸曲，这是现代才发展起来的，用纯种霉菌接种以麸皮为原料的培养物，可用于代替部分大曲或小曲。小曲酒是江南民间酿造酒的主要方法。

（三）荞麦酒

荞麦酒是以没有脱壳的荞麦颗粒为原料制备而成，在严州山区农村很多地方都种植荞麦。荞麦酿造出来的酒，其特点是既具清香型白酒的特殊风格，又有传统小曲米酒的自然风味。据《本草纲目》记载："荞麦降气宽肠，磨积滞，消热肿风痛，除白浊白带，脾积泄泻。"而以荞麦入酒古已有之。它精选优质荞麦为原料，经传统的发酵工艺和科学配方精制而成，清亮透明，粮香浓郁，入口纯正，回味怡畅，实为待宾馈赠之佳品。

荞　麦

·原料荞麦介绍·

荞麦为一年生草本植物，生长期短，抗逆性强，极耐寒瘠，当年可多次播种，多次收获。茎直立，紫红色。叶如心脏形，三角状，顶端渐尖。春夏间开小花，花白色；花梗细长。果实为干果，卵形，黑色或黄褐色，光滑，可磨成粉供食用。

荞麦是粮食品之一，原产于中国北方内蒙古等地区。公元前5世纪的《神农书》中将荞麦列入八谷之一。唐朝时，荞麦食品由中国经朝鲜进入日本后，吃法达百余种，现今荞麦及荞麦面条在日本十分流行。因其含丰富营养和特殊的健康成分颇受推崇，被誉为健康主食品，人们视之为理想的保健食品，尤其是对高血压、冠心病、糖尿病、癌症等有特殊的保健作用。

·荞麦酒的酿造·

荞麦酒以没有脱壳的荞麦颗粒为原料制备而成，其工艺规程是在固态发酵、固态蒸馏传统工艺的基础上增加荞麦种泡粮、初蒸、闷粮、复蒸的工序，其特点是：产出的荞麦酒酒香浓郁、入口绵长，具有独特的风味；由于采用两次蒸煮及闷粮的工序，能够极大地节省原料。其特点是既具清香型白酒的特殊风格，又有传统小曲米酒的自然风味。

·荞麦酒的特点·

荞麦酒典雅透明，呈清香特色，属于高端白酒系列，这是根据微量元素含量不同等标准决定的。与上千元的许多其他高端白酒系列相比，有很大挖掘空间。随着人们生活水平的日益提高，高品质的生态酒日渐成为消费者的首选，荞麦酒的独特品质正好符合这一市场需求大势，市场前景看好。

作为荞麦酒的主要原料，荞麦是营养丰富的粮食品种，荞麦无论是籽粒还是茎叶，营养价值都很高。荞麦酒脂肪、蛋白质、维生素、微量元素含量普遍高于其他农作物，经常食用荞麦有助于人体清除有害物质，减少疾病发生。

（四）草莓酒

严州草莓酒现在有两种，一种是浸泡的，另一种是酿造。草莓又叫洋莓，是大家经常可以吃到又喜欢吃的一种水果。草莓最早生长在南美洲，20世纪初才引进到中国，草莓的维生素C含量比苹果和葡萄都高，有水果之王的美称。草莓外观美丽，红红的，上面有麻点，一看就会勾起人们的食欲。

草莓对于生长环境要求不高，可以生长在田间大块地块，也可以生长在庭院、地头等小块地里，以前都是露天栽培，只有到了季节才可以吃到草莓，现在广泛的采用大棚栽培，一年四季都可以吃到草莓。草莓还可以酿制草莓酒。

·草莓酒制作方法·

浸泡制作：挑选新鲜即将成熟的草莓，轻轻洗净，摘去果蒂，沥干水分，小心不伤果实；橘子剥去皮，切成圆片；将草莓放入酒器中，加入白砂糖和橘片，加盖浸泡，约3周后，草莓脱色，取出草莓和橘片，即可饮用；草莓可捣烂，加白糖、蜂蜜，熬成果酱服用。

酿造制作：用草莓和稻谷、麦子、高粱等混合在一起进行酿造；通

草莓酒

过蒸馏沥出酒水，然后进行调制。草莓酒的度数比白酒低，适合常人饮用，便于推广。

草莓酒补气健胃，生津止渴，利尿止泻，适用于夏季消暑，还可消除疲劳，增进食欲，亦有美容作用。

（五）金刚刺酒

金刚刺是一种常见的中药，对一些天生体质不好的人来说，吃金刚刺可以让我们更好地强健身体。

金刚刺又名女刺、考刺、山羌，为百合科落叶攀缘性灌木。株高达 50 ~ 200 厘米，根状茎横生，质坚硬，有少数分枝，具疏刺。单叶互生革质，平滑有光泽，卵圆形，基部为圆形。伞形花序腋生，雌雄异株，花期 6 月。浆果球形，熟时红色，果期 8 月。

金刚刺多生于较潮湿的山坡林下。根状茎富含淀粉，每百公斤可酿制 40 度白酒 35 ~ 40 公斤。

·金刚刺酒的制作方法·

采集霜降后至次年清明前，用锄头或洋镐挖取块茎，剪去毛刺，洗去泥沙，趁鲜时切成薄片和小块，晒干贮藏，并通过粉碎机碾成细粉末。

上甑蒸炊，按每百公斤原料掺谷糠 20 公斤、温水 100 ~ 120 公斤混合均匀，装入甑内。先用旺火使锅里水沸后再上甑蒸炊。一般 2 ~ 3 小时后取出熟料于竹匾上降温。

入缸发酵蒸熟的原料，待料温晾至 30℃左右，加入 4% 的白曲拌匀并将原料堆起。当料温降至 25℃时，即可入缸发酵。入缸前缸内先准备好一层粗糠，再将拌好曲的原料放入缸内压实，上覆一层粗糠，然后用水泥封闭缸口。静置 1 ~ 2 天后，料温上升至 39 ~ 40℃，第三天逐渐下降 1 ~ 2℃。经 7 天的发酵后，即可取出蒸馏。

蒸馏时加盖密封，注意不要漏气。蒸时先用猛火，待出后保持慢火。蒸馏时注意桶底与蒸馏水面空隙要等于桶底与锅底距离的 1/3。持续蒸馏 3 ~ 4 小时，直至达到标准为止。

（六）金樱子酒

金樱子是一种中药，常见生长于南方山林，具有保健的功效。民间常用金樱子来泡酒，称为金樱子酒。

金樱子酒如何制作呢？这里便介绍其制作方法。

材料选择及准备：金樱子酒的材料，有条件的可以自己到山林中摘取金樱子。在秋季，等到金樱子果实上的刺枯萎，果色变黄，即可摘取。品相不好和有病虫的果实不要。

摘下的金樱子搓掉表面的刺，洗净后用刀破成两半，将中间的籽去掉，晒干待用，也可以整个晒干。如果没有条件自摘，可以到中草药市场直接购买。

酒的选择：需要高度的米酒或其他纯粮食酒，酒精度在40～50度为宜。

容器的选择和准备：选择常见的玻璃或陶瓷材质容器，不要选择塑料瓶罐，也可选择不锈钢材质的容器。容器洗净晾干待用。

糖的选择：金樱子本身有一定的甜度，糖也可以不放。要放就根据自己的口味来决定放的量，建议每斤米酒不要超过一两冰糖。可以选白糖、冰糖或再加少量蜂蜜。从保健的角度来说，建议选择冰糖。

配方和制作方法：

米酒：金樱子干：冰糖＝1：2：适量。

将上述原料全部放入容器中，密封好容器的口。将整个容器放置到阴凉之处，一个月后即可饮用，存得越久，口感越好。

第三章
严州菜肴

一、肉圆

在严州地区的农村，办婚丧事时，一般规模较大的，都会蒸肉圆。

·肉圆的制作·

肉圆的做法有两种，一种是炒，一种是蒸。一般规模小的用炒，规模大的用蒸。先将番薯粉用清水在碗里或铁锅里化开，再将新鲜肉切成肉丁。把萝卜也切成丁，还可以把硬豆腐切成丁或香干切

肉圆

成丁，也可以将新鲜小笋、茭白、马铃薯切成丁。先将肉丁和其他菜丁烧至半熟，然后把番薯粉拌均匀倒入锅中，不断进行翻炒。如果还不熟，可以加少量的清水，帮助烧熟，再制成肉圆或丸子状。最后，起锅前放入葱末或胡椒粉，或浇上油汤。喜欢吃辣的还可以放些切碎的干辣椒或新鲜辣椒。

二、毛芋饺子

毛芋饺子是先将毛芋洗干净煮熟，然后剥去皮，将毛芋捣成毛芋泥，再拌进番薯粉，做成一张张饺子皮。饺子馅可以是鲜肉末、豆腐、

腌菜、虾皮、大葱，或笋干、菠菜、萝卜丝等。饺子包好后，放至蒸笼或蒸锅中蒸熟，精光透亮的毛芋饺子便做好了。多余的毛芋饺子还可以放进火锅，作为火锅配料。毛芋饺子也可以不放馅，做成无馅毛芋饺子。

三、严州干菜鸭

相传明代，严州来了位新任的知府。此人十分好吃，每月的初一、十五必到馆店品尝清蒸鸭，日子一久，自然有些腻味。馆店的老板由干菜肉联想到用干菜烧鸭，在清蒸鸭里放上些干菜，上笼回蒸，果收奇效，不但没有一丝鸭子的腻腥味，而且还伴有一股略带甜意的扑鼻清香，知府品尝后赞不绝口。还有一个传说是说清朝的时候，严州有一个开饭店的老板，后来因为生意好，开到省城杭州去了，结果有一天碰到乾隆皇帝微服私访，来到他店里吃饭，因为来得匆忙，店里来不及准备，鸭子毛都没有拔干净。聪明的厨师就抓了一把霉干菜撒进去。哪晓得这道名菜——严州干菜鸭就这样诞生了。乾隆食后大加赞许，点评道："此菜油而不腻，酥嫩爽糯。朕在宫中吃的京都卤鸭味道远逊于此，其色、香、味皆异于各派烹饪之鸭，可谓别具一格。"

未久，乾隆回到北京皇宫，仍然念念不忘严州干菜鸭的美味。当年，由严州府出发，东下杭州，西上徽州，南去闽赣兰溪，去杭州的轮船可以朝发夕至，梅城为中途大站。商贾舟过严州，必要上岸打尖，人们慕名而来，争相品尝，而这一款皇上爱吃的干菜鸭，便成为首选之物，天长日久，严州干菜鸭便扬名四海了。

许多商客吃了干菜鸭后，深感味道极不寻常，便要买几只带回家与亲友分享。干菜鸭，不仅美味，而且耐贮藏，成菜后，十日内色香味不变，立时成为一款江湖上声誉卓著的严州特产，被誉为古严六县的名菜之首（梅城干菜鸭、寿昌蒸仔馃、淳安石斑鱼、桐庐柴火鸡、分水棍子鱼、遂安煨石笋）。

要做好严州干菜鸭必取 1.25～1.5 千克的本地三河、大洋、马目、乾潭等乡产的麻鸭。配料有倒笃干菜、火腿、肥膘肉、茴香、桂皮、陈皮、辣椒、碘盐、白砂糖、味精、花椒等；再配以酒、姜等调料。经过出水、煮、浸泡、上料、蒸制等多道工序，每道工序掌握的火候、时间都有讲究。

在烹制时，须既卤又蒸，做功亦非寻常：全鸭褪毛洗净，煮熟去骨；雪里蕻干菜（采用九头芥为原料）、肥猪肉、熟火腿丝等为辅料，用姜末、茴香、甘草熬成的汁拌匀，将干菜浸湿；然后翻过鸭身，将拌匀的调料、辅料塞入鸭子腹中，一半调料均匀地涂在鸭子表面，回笼稍蒸片刻，即成。

严州干菜鸭

　　此菜上桌，观之黑里透红，油润光亮。举筷品尝，味道果然非同一般，入口骨酥肉烂、浓汁油润、肥而不腻；食后，余香满喉，食客个个赞不绝口。建德为府治之地，水陆码头，过往客商慕名争相品尝，天长地久，严州干菜鸭便成了浙江建德的风味名菜。

四、米粉皮

　　米粉皮以大米为原料，一般用冬季稻谷，精心加工成白米，用适当比例的水，浸一小时以后研磨。必须磨两次，第一次粗磨，第二次细磨。适当加上千分之三的食用矾水，这样，粉皮会变得软韧嫩滑，白中带透。

　　选用竹子制成的蒸具。竹蒸具有方形和圆形两种，粉皮制作选用方形蒸具，"柴枪粉"的制作选用圆形蒸具，蒸锅要密气受热均匀。

　　蒸粉皮时，首先要把蒸锅中的水烧开，再在蒸具上铺好一块浸泡好的白蒸布，蒸布要铺平紧贴蒸具。刷上食用油，以防粘布，落浆均匀且要薄，用火要猛火，需注意掌握火候。

　　粉皮蒸好后，马上拿出剥落，让其散热。散热后折叠切成宽丝条状，然后卷起来备用。

·米粉皮食用·

　　1.捞粉：配以花生油、蚝油、酱油、生葱、蒜头凉拌。2.肠粉：用生葱、豆腐粒、肉粒炒熟为馅料，卷裹再复蒸。3.煎粉：卷裹馅料，重油煎至金黄色。4.炒粉：用牛肉、生葱炒，也可以根据个人的口味加以调整，选用自己喜欢的配料。5.汤粉：用开水浸泡后，加上烧制好的汤、生菜或牛腩、肉片，这样吃起来味道特别鲜美。

五、橡子豆腐

橡子豆腐俗称檫子豆腐，以橡子仁的淀粉制成，为淳安农村的传统土菜。采摘橡子的树种主要有白栎、麻栎、青冈栎等，并以白栎（俗称檫柴）为主，此树种在淳安山区广泛生长。橡子仁含有丰富的淀粉、蛋白质，并含有钙、钾、镁等人体所需的多种微量元素。

橡子豆腐

橡子豆腐制作要经橡子去壳、磨粉、洗粉、沉淀、煮熟、成型等多道工序。橡子豆腐圆润光滑，韧性强，绵香爽口，久食不腻。可佐入肉丝或鸡丁、虾仁、木耳炒烩，亦可加入姜末、蒜泥等配料烧煮或做各式羹汤，其味鲜美，可消暑解热，生津止渴。

六、油炸豆腐

油炸豆腐俗称油豆腐、沸豆腐。制做油炸豆腐要将白豆腐压得密实，切成三角、小方块或长形，放入油锅沸炸至表皮金黄发亮、内里膨化多孔时捞起沥干。淳安油豆腐风味独特、嚼有余香，深受外地游客喜爱。

七、豆腐皮

制作豆腐皮要将豆磨得特别细，煮浆时要文火慢熬，待豆浆表面结有薄皮时即揭皮，结一张揭一张，晾干即成。淳安豆腐皮其薄如纸，其韧类皮，可卷可折，色泽嫩黄透明，营养丰富。配上辣酱、姜蒜等，

豆腐皮

或烧或烩或包制鲜馅，都是佳味好菜。

八、魔芋豆腐

　　魔芋豆腐，是淳安东北部的传统名菜。魔芋又称天南星、地南星、鬼芋、星芋、雷星、天六谷、蛇六谷、花麻蛟等，学名蒟蒻。为多年生草本植物，根生扁球形块茎，全县山区均有生长。魔芋豆腐具有散毒、养颜、通脉、降压、减肥、开胃等功能。其制作方法是，先将茎块洗净切碎，配以适量碱水浸泡，磨成芋浆，漂煮成糊状，倒入盆内冷却成型，即成魔芋豆腐。魔芋豆腐能促进肠胃蠕动，可防便秘，减少胆固醇的积累，对防治高血压、冠心病亦有一定作用。据《浙江民间常用草药》载："魔芋性温，味辛辣，有毒。能治疗毒蛇咬伤、疖、痈、无名肿毒、指头炎、脚癣等。"

九、神仙豆腐

　　神仙豆腐俗呼"柴叶豆腐"，其制作主要原料为腐婢柴叶。腐婢，又名豆腐柴、救命柴、观音柴等，淳安山区广泛生长。以前的淳安农村，常在"青黄不接"时采摘此柴叶做成豆腐，充饥度荒，故称"救命柴"。据民间传说，此柴为"观音娘娘救人所赐"，故又称"观音柴"。腐婢为马

神仙豆腐

鞭草科植物，一年的春、夏、秋三季均可采其叶制作豆腐。将腐婢叶浸漂捣碎滤汁，再将白灰过滤之水，倒入腐婢柴浆反复搅拌均匀，沉淀后即成神仙豆腐。腐婢性凉，味苦涩，祛风去湿，舒筋活血，收敛止血，解毒。能治风湿性关节炎、外伤出血、阑尾炎、腹泻痢疾、无名肿毒。

十、严州豆腐干

（一）茶园豆腐干

茶园豆腐干为淳安县传统特产，原产茶园镇，故名。茶园豆腐干制作工艺讲究，它以优质"六月豆"为主要原料磨浆点卤制成老豆腐后，再切成一寸半见方的小方块，用白布将对角包裹，然后在上面盖木板，压实为约1厘米厚、5厘米见方的白坯。然后用沸水稍煮捞起沥干，再置入配有茴香、桂皮、鸡汁、虾汤、酱油、糖的汤锅中煮沸。退火加盖闷浸4小时后，再次烧沸，捞起置放竹筛阴干成褐色。其色泽光亮，韧软可卷，味美可口，食有余香，民国时即享誉徽杭。

中华人民共和国成立前，茶园街上最有名的豆腐干就是"方记乾干"。豆腐干做好后，10片一叠，上面压上一张正方形红纸，上书四个黑体大字"方记乾干"，再用棕榈叶条以十字形扎紧。

茶园豆腐干

据《淳安县志》记载，茶园豆腐干是淳安县的传统特产，与茶园青石板齐名。这种豆腐干的制作工艺十分讲究，其产品光泽明亮，韧软能卷，食时嚼有余味，很受消费者喜爱，产品质量上乘，供不应求。

（二）钟山豆腐干

豆腐干是桐庐传统特产之一，而以钟山乡出品者最负盛名。据传该乡豆腐干曾是南宋贡品。钟山豆腐干有诸多品种，其中以开洋豆腐干、火腿豆腐干最佳，开洋（吴语方言、指腌制晒干后的虾仁）、火腿与豆腐制品相配堪称"物物之和"的佳作。

钟山豆腐干之所以能名声远播，因其地产优质黄豆，并以当地山泉水为原料，采用选料、清洗、浸泡、磨浆、滤浆、煮浆、点卤、上箱、过卤、切块、包扎、压榨、烧煮、拌油等十几道独特的传统工艺精制而成，保留了更多的天然营养成分。

旧时，在县城酒店柜台前，捧着一碗热老酒，先咬一小口豆腐干，再喝一大口热老酒，细嚼慢咽，这便是邑人韵味十足的一种吃法。多年来，钟山豆腐干不仅是桐庐民间人人喜爱的食品，也是馈赠亲友的上乘佳品，而且"钟山坊""何加喜"等豆腐干品牌还屡获国家级无公害农产品、浙江省绿色食品、省农博会金奖等荣誉，产品热销杭州、上海、南京等地各大超市。

十一、腊豆腐

腊豆腐，亦为淳安传统特产，主产梓桐、汾口、屏门一带。据传，腊豆腐是丈母娘在腊月间做好，于过年期间回赠女婿的。将豆腐起锅油炸后，拌入辣子丁、橘皮丝、生姜末、茴香粉和精肉松等佐料，然后紧压漏尽酸水。出炸后切块开片，用文火焙至两面发黄后取出，再放入配有桂皮、茴香等佐料的酱油中煮沸，约半小时起锅，风干后即成腊豆腐。其色泽微黄发亮，韧而密实，不易破碎，咸淡适中，色、香、味俱佳。

十二、汾口毛豆腐

汾口毛豆腐又名臭豆腐，为淳安农家传统食品。主要制作原料为大豆、黄豆，以当年的新豆为好。将做好的白豆腐晾干后放入煮笼密闭，置于摄氏20度左右的阴凉避光处。待豆腐块长出约0.2厘米长的白毛时出笼，当白毛继续长至0.5厘米时，即成香味浓郁可食用的毛豆腐。将毛豆腐烘焙至外酥内嫩，再抹上一层辣酱，嚼之味道鲜美，口留余香。

十三、紫藤花霉干菜

在浙西山区，一到春天，山上就会开出漫山遍野的紫藤花，灿烂耀眼，像一片片紫色的云朵停栖在山坡上。这种花长在藤上，开出的是紫色的花，所以，当地人一般都叫它紫藤花。当地的居民除观赏外，还会上山去采摘紫藤花，用它来做霉干菜。

紫藤，别名藤萝、朱藤、黄环。属豆科、紫藤属，是一种落叶攀缘缠绕性大藤本植物。干皮深灰色，不裂；春季开花，青紫色蝶形花冠，花紫色或深紫色，十分美丽。紫藤为暖带及温带植物，对生长环境的适应性较强。

先将紫藤花摘来后洗净，放到锅里煮熟，然后用盐腌起来，腌后再晒上几天，再拿来蒸，蒸了以后又拿出去晒，一般要蒸二到三次。晒干后，再与其他干菜搭配起来，做成霉干菜。

紫藤花

与它搭配的干菜可以是包心菜、九头芥、阔叶芥。先将新鲜的菜洗干净切好，然后放到锅里煮熟，再用盐腌。腌好后，再拿来蒸。蒸好后再晒干，晒干后收进来，再把他们搅拌在一起。

紫藤花也可以与笋干搭配。把竹笋放盐煮熟，再用盐腌，腌好后，再放至锅内去蒸，然后拿出晒干，再切成小块。也可以是竹丝笋，把它放盐煮熟，晒干切成一小段一小段，然后与干的紫藤花拌在一起。

紫藤花也可以与野葱搭配。春天山上会有许多绿色的野葱，把它拔来后，洗干净，然后放到锅里煮熟，再晒干，然后拌在一起。

十四、梓桐源番薯粉丝

梓桐源番薯粉丝，采用新鲜优质红薯为原料，将洗净的番薯置入粉碎机粉碎，粉碎后形成含有淀粉、细小纤维混合的糊状物。再用细纱布包裹糊状物反复加水洗出浆水。待浆水沉淀后，倒去上层清水，取出淀粉，晒干或烘干，烘干时温变控制在50C°以下。干燥后的淀粉含水量控制在

梓桐源番薯粉丝

12% ~ 14%。在此基础上，进行清洗淀粉、调水和粉、上机出条、冷凝、分条、晾晒干燥、包装等多道工序。梓桐所产番薯粉丝晶莹剔透，柔软可口，风味独特，为新一代天然绿色食品，"梓桐源"番薯粉丝已通过杭州市"绿色食品"认定。

十五、甜酱与辣椒酱

（一）甜酱

制作甜酱的第一步是做豆黄，可以用蚕豆做原料。在梅雨季节，先将豆子浸泡后煮熟，然后用山上砍来的黄荆柴的枝叶放在豆料的上面，利用食用菌进行发酵，豆类长毛，然后拿到太阳底下翻晒，晒干后收起来，这叫豆黄。夏天将晒好的豆黄拌入凉开水和一定的食盐及糖，放到太阳底下暴晒20多天，直到颜色转成紫色，相互黏稠为止。然后装瓶，放入冰箱。

（二）黄豆辣椒酱

严州地区的人大多喜欢吃辣，所以一般家庭都会制作辣椒酱。严州六县都有制酱的传承经历，其中淳安人酿制的黄豆辣椒酱味道特别鲜美，他们制作的黄豆辣椒酱能长期存放不变质、不变色，受到众多食用者的一致

好评。

据历史记载，豆酱的酿造最早是在西汉。西汉的史游在《急就篇》中就有记载："芜荑盐豉醢酢酱。"唐颜氏注："酱，以豆合面而为之也。"从古人的记载和注解中可以看出，豆酱是以豆子和面粉为原料酿造而成的。

淳安人制作黄豆辣椒酱的流程是这样的：

一、选择黄豆：选用颗粒饱满，没有破裂，没有杂质的豆，然后用水洗，使坏豆、烂豆及杂质浮起来捞出，小石子等杂物沉入水底，

二、煮黄豆：把选好的黄豆放入大锅里煮，要把黄豆煮熟、煮透，最好还要把水煮干。

三、制酱料：把煮透了的黄豆放冷，凉到40℃左右；再拌麦粉，按1斤生黄豆（熟豆约1.7斤）拌0.6~0.7斤的麦粉的比例，把麦粉拌进熟豆中，要拌均匀，即成酱豆。

四、酱豆发酵：把拌好的酱豆均匀摊放在晒箕里，上面盖上"黄金柴"，使它发酵。一般发酵温度要达到28~30℃，经四到五天即可。发酵好的酱豆菌丝的颜色有三种均为正常：白色、黑色和青色，以青色为最佳。把发酵好的酱豆一块块地从容器中铲出，再放到晒箕里去晒，要晒干、晒燥，一般晒十天至二十天均可，使之无水分，二次晒酱时要特别注意防止苍蝇污染。把二次晒燥的酱豆收藏起来，以便随取随做。

五、腌酱：准备其他酱料。1.切碎的新鲜红辣椒（酱豆辣椒比例是1：2）；2.生姜适量（根据各人的口味）；3.食盐，跟酱豆的比例是1：1；4.烧酒（白酒），按1斤酱豆放1勺至2勺白酒；5.根据各人的口味，也可放点大蒜、茴香和熟芝麻。具体腌酱：把准备好的其他酱料（按以上比例）倒入干燥的酱豆中，充分搅拌，使之润滑均匀，即可成为淳安黄豆辣椒酱。把拌均匀的黄豆辣酱装坛、罐、瓶并密封，存放一个月后即可食用。

十六、淳安冬酱

淳安冬酱，为浙江省地方名产之一。因其制作多在冬季，故名冬酱。冬酱制作主料有黄豆（大豆）、辣椒、面粉，辅料有姜、蒜、茴香、白糖、白酒等。

制作冬酱的大豆选择用颗粒饱满整齐、无虫眼、无发霉变质的新豆；辣椒选用无虫蛀、无霉烂、自然完熟的红椒为佳。

淳安冬酱

制作方法是：将大豆浸泡、煮熟、起锅摊晾后，掺入五分之一的面粉拌匀，拌至熟豆分散为颗粒时摊开晾干，在其上覆盖一层洁净的白纱布，再覆一层名为"黄金柴"枝叶或塑料薄膜，使其发酵。待豆的表面长出金黄色或灰色菌毛（俗称豆花）时，撤去覆盖物，在阴凉处晾一天，再放到太阳下晒至完全干燥，称酱黄（豆豉）。再将洗净、晒瘪、去籽、切碎的红辣椒，加五分之一的食盐，十分之一的姜末、蒜末以及茴香、白糖、白酒等配料，腌渍3～5天。腌辣椒再和酱黄掺拌，直至每个酱黄表面湿润为止。拌酱时间宜在"立秋"后，将拌好的辣椒、豆豉置于坛内，倒入适量麻油或茶油，密封坛口，一个月后即可开坛食用。淳安冬酱以色泽红亮油润、酱香浓郁、鲜辣味美、清香可口、经久耐藏而著称，具有增食欲、助消化的功效。

另外，淳安人将茄子和老南瓜洗净蒸熟，当然老南瓜还要去皮，然后与辣酱或甜酱拌起来，再放到太阳下晒透，那又是另外一种滋味，既可以生吃，也可以用油炒起来吃。

十七、霉腐乳

霉腐乳为淳安农家传统土菜，俗称烂豆腐。其制法是将白豆腐切成4厘米见方的方块，置入底部垫入梧桐叶的蒸笼或箩筐内，上覆布，使其发酵，以生白毛霉菌为好。再粘拌辣椒、茴香粉和炒食盐，入罐密封时倒入少量黄酒，一周后即可食用，其味鲜美爽口。八都霉腐乳（主产威坪、王阜一带）制作更讲究，食味尤佳。

霉腐乳

十八、米羹

米羹（俗称糊汤）是淳安农民过春节时家家都要烹制的传统美食，色味俱佳，可从除夕一直吃到初五六。煮羹用的米要选上等白米，除夕的头天晚上就要将米洗净，浸泡待用。浸米时，放一定数量的红辣椒干和干橙皮，以增加米羹的颜色和香味。煮羹用的菜，以细嫩萝卜菜叶干、蕨菜干为好，煮熟、洗净、切细待用。猪的大肠和小肠是不可缺少的配料，加香料用温火炖熟待用。白豆腐数块切成薄片，用盐渍一下待用。除夕早上，先用石磨将浸泡过的米磨成细细的米浆。把切好的干菜和豆腐放进大铁锅里煮（加少量盐）至熟透为止，再倒入米浆，不停地搅拌，待米浆熟后，再放入猪肠、酱油、味精等调料拌匀，米羹就煮成了。汾口一带农民制作的米羹，口味特好。

十九、野香菇

淳安县境深山区，森林茂密，农民头年冬末春初进山伐木，树桩、伐倒木经日晒雨淋变质发霉，待来年春季自发生出蘑菇，俗称"野香菇"，为珍贵特产。其天然生长，肉质肥厚，个小形美，食味独特，氨基酸含量高。因不需菌种，不施药肥，产量不一，以大雪年、霉雨年繁殖最多，有的大树一次能采几十公斤，大旱则无收。喜生野香菇的树种有枫树、檫树、麻栎、乌柏等树。

二十、木耳

木耳有"黑木耳""云耳"之分，生长在树干上，也可用阔叶树类的段木和木屑进行人工栽培。其体略呈耳形，灰黑或褐色，背面密生短软毛，润湿时半透明，干燥时革质。2008 年，淳安县威坪、梓桐等乡镇利用桑树剪下的枝条培植袋装黑木耳，质优味美，营养丰富。

木 耳

二一、严州笋干

（一）桐庐青笋干

桐庐县合村乡现种有青笋竹约466公顷，主要分布在高凉亭村、后溪村，其中高凉亭村约为433公顷，并建有青笋竹省级精品园。合村乡因独特、优良的生态环境，竹笋全靠天然野生，不施肥不打农药。青笋干通过传统加工工艺，并用现代科学手段加高温蒸烘精制而成，更具有鲜、嫩、色、香、味等绿色食品之特色，是闻名江、浙、沪等省市的绿色上佳珍品。全乡有规模较大的青笋干加工企业两家：桐庐深萌农产品开发有限公司、益乡源农产品有限公司。两家企业均为市级农业龙头企业，其旗下的品牌分别为"深萌""益乡源"，其中"深萌"为浙江省著名商标。两个牌子的产品都在省、市农

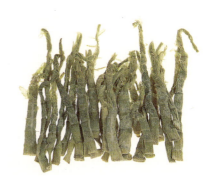

桐庐青笋干

产品展销会上获得过不同类型的奖项。两家企业在桐庐都开有专卖店，产品也进入大型超市销售，销售范围包括桐庐、杭州、上海等地。

（二）淳安笋干

淳安县昱岭山脉一带的瑶山、秋源、夏中、严家、王阜等地盛产野生细竹，可用其嫩笋制作笋干。其中以"天坪笋干"最为著名，其产地瑶山乡天坪村。制作天坪笋干以石笋为主，其制作方法不同于"扁尖"，不需拷扁，盘卷，以原形和盐煮熟，木炭火文烤，待半干时，手工搓揉，然后烈日曝晒至干。此种笋干耐贮藏，久放不霉。笋干烧汤，汤汁澄清，香味扑鼻；笋干炖肉，柔软可口。实为山中珍品。

二二、石衣

石衣又称石耳，生大山之崖。清代《续纂淳安县志》记："石衣生峭险石崖间，受海风吹处始生如苔，久则黑色，土人取腰索缘险始能得之，往往遭索断以致殒命。"县境金紫尖、千亩田等高山水涧岩壁的石缝、石罅间有生长。石衣含有高蛋白及微量元素，为高级菜肴，也可药用。不少石衣是山农身系绳索攀岩取之，十分珍贵。

二三、地耳

地耳又名地木耳、地见皮、地踏菜、地塔蕈。淳安俗称石耳青青、沙耳青青、观音鼻涕等。其形态像黑木耳，颜色黛青。地耳生长在背阴而纯净的山林、草皮、石塔上，含有蛋白质、铁、磷、钙和碳水化合物等。地耳烧汤，脆且鲜嫩，润而不滞，滑而不腻，软香爽口。据《药性考》载，地耳能"清神解热，痰火能疗"。地耳既可作新鲜菜肴和包子、饺子馅，也可晒成干，不过地耳性寒，不宜多食。

二四、松毛蕈

松毛蕈又名松茸蕈、松茸蘑菇，为真菌植物。淳安县境松树密集，松林中有落下厚厚的松针，每逢春末夏初，阵雨洒过，松毛蕈破土而出，竞相生长。其颜色有黄土色、玉黄色，外表还带有青铜色彩，清香芬芳。深秋雨后的松毛蕈更优。松毛蕈味道特鲜，营养丰富，含有磷、铁、钙及可溶性无氮化合物、蛋白质、尼克酸，还有多种维生素。松毛蕈药用价值更高，抗癌效果明显，在国际市场上已成为珍品。

二五、龙爪菜

龙爪菜俗称蕨菜，多年生宿根草木，因形似爪子，故称"龙爪菜"。它在春暖花开时自山地下抽出幼芽，黄绿鲜嫩，以荒山、荒地中最多。嫩茎长16厘米左右时可采摘，再长高则会变硬，展叶生毛即不可食。嫩茎采摘后即用沸水煮熟，捞出仍鲜绿，可炒食，也可日晒或烘干。龙爪菜含有丰富的蛋白质、各种维生素。其作菜肴，柔软清脆，炖火腿，其味尤香，煮米羹，特有风味。

二六、香椿

香椿亦称"椿芽"，淳安俗称"椿头蕻"，乃椿树之枝芽。椿树，落叶乔木，树干时有透明树胶渗出，小枝春季抽出幼芽。其香浓烈，可作鲜美菜肴，蛋白质含量高。可拌肉、蛋、竹笋等炒制，也可腌制、晒干，香味经久不衰。晒干后的香椿，可以用肉、细葱或大葱做成香椿麦饼，刚出锅时，香气扑鼻，令人回味无穷。

香 椿

二七、淳安腊肉

腌制是淳安农家的传统贮肉方法，历史悠久。每到入冬腊月，家家户户宰杀年猪，都将大部分猪肉制作成腌腊肉存贮。因其在农历腊月加工而成，故而得名。淳安腊肉色泽黄润剔透，咸度适中，防腐能力强，醇香味美，清香鲜爽，肥不腻口，为咸肉中的上品。腌制腊肉一般为冬至后立春前，约40天时间。腊肉腌制要求肉质新鲜，血清毛净，以农家散养猪为佳。宰杀后去头、内脏，剔出4只猪腿，将肋条肉砍成宽如手掌（8~10厘米）带皮的条形肉，上端刺一小洞，便于腌制后穿绳悬挂和晾晒；猪腿则稍加修边整理，以整腿腌渍。100千克猪肉配用5千克左右食盐，另加花椒粉、胡椒粉、五香粉等辛香调料，按1%左右配比。将切好的肉条和猪腿用食盐等腌料仔细涂抹均匀，用力擦透，肉面向上，按顺序腌入大缸或盆中，最上一层要皮面向上、肉面向下，并将剩余食盐和香料敷在上层肉条，再用大

腊　肉

石块或重物压实腌制。腌制 2 天后翻缸 1 次，将上下肉块翻面，让盐和香料与肉充分融合、相互渗透，倒掉渗出的血水。翻缸后再腌 30 天即可出缸。用清水洗净皮肉上的盐粒和香料，再用棕叶绳索串挂在室内通风地方。将腌渍沥干的猪肉挂在灶头或火炉上，让炊烟慢慢将肉熏透。有的用柏树枝、椿树皮或柴草火熏烤。地道腊肉还得经太阳晒烤。将制好的腊肉经阳光曝晒，腊肉晒得流油，晒出腊肉特有的咸香味。经过 1~2 个月的熏制、日晒，即成为色泽金黄剔透的腊肉。腊肉可长期搁置。贮藏方法：一是将制好的腊肉存在谷堆或谷壳中，二是贮入干燥锯木屑中，三是挂在通风干燥的横梁或板壁上，四是用稻草包裹放于干燥处。

二八、岩桥臭豆腐

　　臭豆腐全国各地都有，也可以说千百个地方有千百种臭豆腐、千百种吃法，也会有千百种味道。然而，桐庐的臭豆腐尤其有特色，用油沸馒头夹臭豆腐的这种吃法，其味简直妙不可言。

　　一块小小的臭豆腐，能让人勾起深深的回忆和家乡的温暖。馒头入油锅炸成金黄色，趁热剪开，在中间抹上辣椒酱后，再加上一两块臭豆腐。这香里带辣的味道，着实勾起无尽的留恋，怪不得叶浅予老先生在"文革"期间图圄八载后，于 1976 年返乡时，第一样想吃的东西就是家乡的油沸馒头夹臭豆腐了。

　　臭豆腐是桐庐传统特色产品，已有六百多年的历史，尤其以岩桥村的臭豆腐名气更大。传说明朝开国军师刘伯温当年在翙岗教书时，要求东家"食用勿奢华，餐有两菜足矣"，其中一菜就是翙岗村附近的岩桥臭豆腐。20 世纪 70 年代，桐庐召开第一次全国性大型会议时，在 25 个省市代表参加的会议餐桌上，就用上了岩桥臭豆腐，诱人的口味在餐桌上可说是独领风骚。臭豆腐油炸食之，外韧里嫩，清香可口；清蒸食之，滑嫩细腻，咸鲜味美；煸炒食之，咸香臭辣，胃口大开；凉拌食之，清凉爽口，细腻鲜香，一款款均是美不可言的佳肴。

桐庐岩桥村制作臭豆腐可以说是一门子承父业、代代相传的传统产业，该村的臭豆腐采用黑芝麻等祖传配方精制而成，其工艺有选料、清洗、浸泡、磨浆、滤浆、煮浆、点浆、压滤、切块、煮焖、发酵等十多道。特别是豆腐坯块在原浆中煮、焖的脱水工艺，不仅使臭豆腐的外观形状好看，不烂心，色泽呈浅浅的蛋青色，而且质感更加细腻滑嫩，味道清咸奇鲜，臭中有香，成为众多臭豆腐当中色、香、味、形俱佳的一枝独秀。

如今，桐庐山水农庄主人王殷郊先生已将岩桥臭豆腐注册为"老岩桥"商标，"老岩桥"臭豆腐堪称是臭豆腐中的经典绝品，一个小小的作坊每日外销臭豆腐达 2000 公斤以上，产品不仅远销杭州、上海、香港等大中城市的高档饭店酒楼，并且成为杭州西湖国宾馆及北京人民大会堂国宴厅指定的专门派送食材之一。2008 年 5 月，西湖国宾馆还特以"老岩桥"臭豆腐来招待原国家主席江泽民同志。2010 年该臭豆腐还成为上海世博会联合国馆低碳生活与健康产业论坛指定的"健康休闲食品"。2008 年被评为杭州市名牌产品，"老岩桥"臭豆腐制作的配方与工艺还申报了国家专利。

臭豆腐是桐庐人的一款家常菜肴，无论蒸、炸、炒、拌，亦臭亦香，无论何种吃法，一经品尝就会让人欲罢不休，故有"尝过臭名远扬臭豆腐，三日不知肉滋味"之美称。难怪中宣部原副部长龚心瀚要为"老岩桥"臭豆腐题写"香飘万里"的题词，而书坛印苑泰斗高式熊老先生为它题写"臭名远扬"，一香一臭极妙地概括了"老岩桥"臭豆腐产品的极妙品质。

二九、腌菜

（一）高杆白菜腌菜

高杆白菜腌菜是一种美味的腌菜。冬天，将新鲜的高杆白菜放到太阳下摊开晒二至三天，晒成七分干，然后洗净晾干，再把它切成一条条的菱形，然后放进干净的脸盆或相近的容器，用盐拌好，盐要适量，如果盐放多了，进不了口，盐少了腌菜又容易坏。另外，还要切一些大蒜、辣椒拌进去，一

般是红辣椒，与白菜拌在一起，红白相间，颜色很好看。拌好后再用力揉透，要渗出水来，再把它装进玻璃瓶或其他容器，然后用擀面杖将白菜在瓶里挤压，要分批压紧，不留空隙，最后容器的口子上会挤出一些水来。封口时，上面还要再撒一些盐，防止腌菜味道过淡坏掉。另外，还要把提前洗干净晒干的鹅卵石压在上面，防止腌菜与空气接触而产生腐烂。

高杆白菜腌菜

也有一些卖腌菜的专业户，他们用大水缸腌高杆白菜，这些白菜晒干洗干净，它们是不需要切的，直接放入缸内，撒上盐，放一层辣椒进去。青壮年光着脚或穿着干净的雨鞋站上去反复踩，踩烂了，再放入一批菜，又撒一层盐，人又站上去踩，直到腌满为止。

白菜腌的时候是白色的，腌了一段时间之后就变成黄色的了，或者白中带黄，要腌满半个月之后才可以吃。

（二）雪里蕻腌菜

雪里蕻腌菜的时间与白菜不一样，白菜在初冬（打霜之后）腌制，雪里蕻则在春天腌制。雪里蕻从地里收割回来后，也是先晒干。一般要晒两到三天，中间要翻一下，上面晒瘪的要翻到下面，再将下面的翻上来。晒干后挑到江里或小溪里，或用大木盆接自来水冲洗干净。然后晾干，把根部和黄叶子去掉，然后切成小颗粒。再用盐搅拌，然后用力搓揉，直到搓烂。待水将要渗出，再放到玻璃瓶或小钵头里压紧。不能一次性完成，要分步进行。一般要进行三四次，待第一部分挤压紧了，再放第二部分，直到腌满为止。口子上也要多放些盐，以便把口子封住，不会生虫。放至一段时间之后，原先的绿色就会变成黑色，一般要一个月之后才能吃。

（三）倒笃菜

倒笃菜是浙江建德农村传承了几百年的传统农家菜，通过手工腌制而成。倒笃菜制作所用的原料是我们俗称的"九头芥菜"。

首先要澄清的是，倒笃菜不是冬腌菜，也不是雪菜。

传说古时候，在今建德一带的百姓家家户户有用大瓦缸腌制九头芥作为日常菜肴的风俗，但是当时人们在腌制时却无法避免菜烂在缸里的情况，往往辛辛苦苦腌好一坛菜却要倒掉大半坛。当时，有一位大户人家的夫人，她聪慧端庄，

倒笃菜制作

心灵手巧。这位夫人虽然住在城中，却也自己动手腌制九头芥。为了防止菜在腌制过程中烂掉，她将腌菜坛子倒过来摆放，使腌制时的废液自然沥出，这样一来，她家腌制的菜就再没有烂掉过了。这个方法被当地百姓形象地称为"倒笃"，"倒笃菜"就这样诞生了。这个方法在江南流传了近千年，至今仍为百姓所采用。

传统手工制作，是将"九头芥"经过清洗、晾晒、堆黄、切割、加盐揉搓、倒笃、发酵腌制等一道道工序加工后成为倒笃菜。这些工序中最有特色的就是倒笃腌制。既用木棍把切碎并加盐揉搓脱水后的"九头芥"菜用力笃进坛里，且必须结实笃紧装满。然后，将腌菜的坛子倒置过来进行干腌，发酵数月后腌制完成，再通过烹饪即可成菜。这种倒笃腌制的方法避免了营养成分的流失，达到特有的原质风味，鲜香脆嫩，保鲜不变质。

倒笃菜这一普通的农家菜，通过一位普通的农家妇女努力变成了"名菜"，创造这一奇迹的建德女子名叫潘秋梅。

为使这一传统工艺发扬光大，惠及千家万户，潘秋梅不辞辛苦，深入农村，走访老农，经过艰苦细致的调查研究和挖掘，通过自己反复琢磨和研制，将传统工艺和现代加工技术有机结合在一起，对倒笃菜腌制工序仍采用传统

的古法发酵形式，保持倒笃菜的原质风味；对其他工序流程则做出了一定的改变，并且引入自动切割、清洗、脱水、揉制、搅拌流水线和全自动杀菌线等，形成秋梅倒笃菜标准化生产作业流程，从而使该产品品质有了质的飞跃。既确保了倒笃菜原有纯正口味的特色，也大幅度提高了生产能力。

三十、萝卜

（一）糖醋萝卜

萝卜的营养价值很丰富，具有多种食用和药用价值。萝卜的做法也有很多种，糖醋萝卜就是其中一道比较地道爽口的小菜。糖醋萝卜的做法很简单，但腌制时间和选料却是很讲究的。

糖醋萝卜

糖醋萝卜的腌制材料：白萝卜200克、盐5克，红辣椒8克，醋30克，白砂糖10克。

糖醋萝卜的腌制过程：首先将主要材料的外表洗干净，把萝卜切成4厘米长的段，削去皮，然后在表面划两刀，但不要切透。把切好的萝卜放到盐水里腌一下，然后用手压出水分。把红辣椒切成小段，把醋、白糖和盐兑成醋水汁，将腌好的萝卜泡进去。等醋味充分地渗进萝卜里后，把切好的红辣椒放入，让它们的味道相互融合。

（二）腌萝卜条

把萝卜洗干净，切成一块块长条，然后摊放在竹簸箩里晒两三天，晒瘪之后再放在干净的脸盆内，同时切一些辣椒、生姜、大蒜，撒上盐进行搓揉，揉透了，再灌到坛子或玻璃瓶中，用擀面杖把萝卜条压紧，要一批批压，最后在上面撒上盐封口。

第四章

干鲜果

一、山核桃

山核桃是严州地区享誉甚高的地方土特名产之一。在淳安临岐、桐庐合村、建德洋溪等地都有种植。山核桃核仁松脆味甘，香气逼人，可榨油、炒食，也可作为制糖果及糕点的配料。山核桃营养丰富，据资料分析，每千克核桃仁等于9千克鲜牛奶或5千克鸡蛋、2千克牛肉的营养价值，而且较牛奶、鸡蛋、牛肉的营养更易为人体吸收。核桃仁还具有润肺补气、养血平喘、润燥化痰去虚寒等功效，核桃果皮又是化工、医药、轻工行业的重要原料，可谓核桃一身都是宝。山核桃约9月中旬采收，脱皮后用水洗净阴干，然后入铁锅内煮约四小时，以去除涩味。脱涩后壳由白转棕色，或用以榨油，或炒熟成为干果。因干果营养丰富，又便于保存和携带，所以外地游客皆喜欢购买它在旅途食用或馈赠亲友。

山核桃又俗称小核桃、小胡桃，属胡桃科落叶乔木，树高可达20多米。4月下旬至5月中旬开花，9月成熟。主要产自浙皖边界的天目山脉，一般生长于海拔400～1000米

山核桃

的山坡或谷地，喜气候温和、土质肥厚和排水性好的钙质土壤。古时大多处于野生状态，明清后推行人工种植。20 世纪 80 年代，淳安县大面积推广，至 1992 年，种植面积达 5032.67 公顷，平均年产干果 900 吨，最高年产 1381 吨。至 2018 年全县种植面积达 1.22 万公顷，产量达 3984 吨，位居浙江省第二。产区主要分布在瑶山、临岐、屏门、宋村、严家唐村、王阜一带。其中瑶山乡面积达 2666.67 公顷，居全省首位。

淳安山核桃具有壳薄肉厚，含油量高等特点。据测定每百千克果仁含 18.30% 蛋白质和多种维生素，可榨油 25~30 千克。山核桃油清香纯净，具有润肺、滑肠等滋补功效。2000 年后，淳安"山之子""林峰""高峰""猴宝宝"等品牌产品多次获奖。2001 年 8 月，淳安县被国家林业局授予"中国山核桃之乡"称号。

二、严州板栗

板栗，又名大栗、魁栗，在我国有悠久的栽培历史。早在《吕氏春秋》中就有"果之美者有翼山之栗"的记载。板栗含有丰富的蛋白质、脂肪、糖、维生素和矿物质等多种营养成分，食用价值很高。

（一）淳安板栗

严州板栗

淳安栽培板栗历史悠久，品质优良。清乾隆《淳安县志》载："青溪板栗其仁如蚌肉，味美可口。"民国《遂安县志》有"栗以五六都产者为佳"的记载。栗树栽植以往多以实生苗为主，1970 年后引进外地优良品种，改进嫁接造林技术，推广科学管理，面积和产量不断增加。1985~1990 年淳安县板栗平均年产 325 吨。1991 年全县板栗面积 1446.27 公顷。2003 年发展到 3326.67 公顷，产量达 2598 吨。至 2018 年，产量达 3948 吨。板栗品种主要有油栗、桂花栗、毛板红、上光栗、处暑红等。野生品种有金栗、珍栗等，全县各地均有分布。自 1982 年以来，淳安均有板栗出口日本等国家。

（二）桐庐后岩板栗

桐庐板栗主产区在分水地区山村，以淀粉含量高、颗粒匀大、壳薄肉厚、香甜可口而著名，品种中以油光栗、毛栗、魁栗为主。近年新品种不断增加，种植面积也不断扩大，早熟品种 9 月采收，晚熟品种至迟 10 月。历史上最出名的是分水后岩栗子，可切片生炒，不碎不糊。

三、严州蜜枣

（一）淳安琥珀金丝蜜枣

琥珀金丝蜜枣是淳安著名传统特产之一，生产历史悠久。清时生产于威坪，曾受乾隆帝褒奖而成贡品，并远销南洋各国。淳产琥珀金丝蜜枣因其色如琥珀晶莹，形似金丝缠镶，故美其名为"琥珀金丝蜜枣"。琥珀金丝蜜枣不仅香甜可口，而且具有滋补、强身、健胃、软化血管以及降低血压等功能。中华人民共和国成立前，淳安年产鲜枣 250 吨，威坪镇有蜜枣作坊 3 家。中华人民共和国成立后，为扩大琥珀金丝蜜枣加工，政府资助农户发展青枣生产，使淳安的蜜枣加工业有较快发展，年产琥珀金丝蜜枣约 200 吨。

淳安县的青枣产地与蜜枣加工主要分布于左口、汪宅、金峰、王阜等乡，其中以左口乡为多。1985 年，左口乡生产的千岛湖琥珀金丝蜜枣获农牧渔业部优质产品称号，产品远销全国各地和东南亚国家。2004 年，琥珀金丝蜜枣通过浙江省林业厅无公害农产品产地的认定。2005 年，左口乡新建青枣基地352.27 公顷，年产青枣 140 吨，进一步丰富了蜜枣的生产资源。加工琥珀金丝蜜枣，以选用果形大、圆筒形、两头平、肉体厚而松脆、核小汁少的平头马枣、圆枣为佳。制作成品要经过采枣、选枣、切纹、洗枣、精煮、烘干、压枣、老烘、分级等工序。加工而成的蜜枣干果要求橙黄色或暗黄色，色泽均匀；枣形基本一致，颗粒完整，纹丝细密匀称，枣面微有糖霜；枣形饱满，质地微硬、干瘪，枣丝不剥落方为好蜜枣。

（二）桐庐岩桥蜜枣

桐庐岩桥蜜枣是用新鲜青枣加工而成的一种蜜饯。这种蜜枣色泽金黄如琥珀，切割的缕纹如金丝，光艳透明，肉厚核小，留有天然枣香。这种蜜枣含糖分充足，含糖量达 70% 左右，并含有蛋白质、脂肪、碳水化合物、钙、磷、铁和多种维生素，尤以维生素 C 含量最高，每枚枣内含 400~600 毫克，比同等重量的梨子高出 140 多倍，维生素 D 含量也是果中之冠，是一种理想的营养滋补品。生产"桐庐岩桥蜜枣"的青枣，都选色白、无虫蛀、无红头的优质青枣，加工要经精选、发切、收切、锅煮、生焙、挤捏、老焙、分拣等八道工序。其中尤以刀切技术为最难，所有的枣子要切上 40 刀至 100 刀，而且刀刀均匀，不浅不深，使枣子既能容易煮熟，饱吸糖分，又能久藏不坏。

四、唐村柿饼

柿饼是淳安县地方传统名产，以唐村一带加工的柿饼最为著名。中华人民共和国成立前，柿饼加工以家庭作坊为主，主要供自食或馈赠亲朋好友。20 世纪 80 年代后，随着市场经济和旅游事业的发展，柿饼进入农产品市场，很受消费者欢迎，柿饼加工量也逐渐扩大。其产地主要分布在唐村、白马、金峰、汪宅、左口等地。

加工柿饼选用充分成熟的冬柿为主，经原料选择、去皮熏烘、晾晒、烘烤、捏软（捏饼）、回软（发汗）、上霜、成品包装等八道工序而成。成品柿饼以个大完整不破裂、萼盖居中平整、贴肉不翘起；柿霜厚且白，手捏不脱落；肉质软糯湿润，少核，口感软甜，无涩味，无渣或少渣者为上乘。把加工时削下的柿皮晒干，再把成品柿饼与柿皮分层混放于瓷缸内或塑料袋，常湿贮藏，可较长时间保持柿饼质量。

唐村还有一种无核柿。唐村无核柿具有果大形美、色泽鲜艳、柔软多汁、肉厚无核和香甜清口等特色。为淳安传统名果，已有六百多年栽培历史。唐村一带所产无核柿果实呈倒卵形或长圆形，有放射状沟纹 4 条，因果内无核，原产地在唐村，故称"唐村无核柿"。原唐村乡新联村有棵 150 多年历史的柿树，高 17 米，胸径 0.9 米，1981 年产柿 1550 千克，最高年产柿达 2250 千克，被当地誉为"柿树之王"。

唐村无核柿传统品种有"灯笼柿""八月黄""冬柿"，尤以冬柿最为可口。冬柿的生长期长，且成熟较迟，含糖量 15% 以上。1994 年，淳安唐村无核柿获浙江省优质柿一等奖。1998 年，"红姑娘"牌无核柿获浙江省优质农产品金奖；2002 年，被确认为浙江省优质无公害农产品；2004~2005 年，被授予杭州首届消费者协会推荐商品。至 2018 年，全县无核柿栽植面积 376.3 公顷，产量 1854 吨。

五、木榧

木榧属紫杉科，常绿乔木，树高的可达 20 米以上。其果实生于枝，呈椭圆形，初为绿色，后为紫褐色，寒露前后采摘或任其果熟自落。鲜果外有厚皮包裹，堆放将其腐烂，清洗干净、煮熟烘干即可。壳内肉仁色如丹，食味脆香，营养丰富。盛产于淳安秋源、瑶山和左口等地。左口凤翔村至今长有千年榧树王。

六、香榧

在建德市三都镇的部分山区，如乌祥、凤凰等村子的山上种有香榧。香榧树属红豆杉科，是中国特有的木本油料树种，其果实为著名的干果。

香榧可供药用，有止咳、润肺、消痔、驱蛔虫等功效。

香榧树边材白色，心材黄白色，纹理通直，硬度适中，有弹性，不翘不裂，是造船、建筑、家具等的良好用材。香榧树姿态优美，树干挺拔，细叶

香榧

婆娑，终年不萎，是良好的庭院、公园绿化树种。香榧树雌雄异株，有性繁殖全周期需二十九个月，一代果实从花芽原基形成，到果实形态成熟，需经历三年，每年的5月至9月，同时有两代果实在树上生长发育，还有新一代果实的花芽原基在分化发育，人们称之为"三代同树"。香榧树寿命长达四五百年，有"寿星树"之称。

七、严州番薯干

（一）淳安番薯干

番薯干，又称地瓜干，由地瓜（番薯）加工而成。番薯既是一种粮食作物，又能制作美味佳肴，并有补中和血、益气生津、宽肠通便、利湿退黄的功效，还有补虚乏力、强肾阴、益肺气、肥五脏的作用。

淳安番薯干

淳安加工番薯干的方法主要有三种：一是把洗干净的番薯切成薄片，霜冻过后晒干，用油炸成脆而松香的番薯干。二是将番薯去皮、煮熟、捣烂，再掺入黑芝麻，放在板上擀成块状后再切成条或片晒干，然后油炸或砂炒，其成品松脆香酥。三是把番薯去皮切成条块浸洗（小的番薯则取整块），蒸熟烘干，蒸烘三五次后的番薯干，略现油光，软硬适口，犹似蜜枣，很受人们青睐，成为都市居民的时尚休闲食品。番薯干主要产地在枫树岭白马、梓桐、金峰、左口、临岐、屏门等地。主要优质产品有"千岛湖白马牌红薯干""山之子乡村地瓜干"等。2005 年，杭州千岛湖山之子食品实业有限公司聘请省农科院专家为技术顾问，成立技术攻关小组，重点突破番薯干的加工技术，生产的番薯干不仅保持农家番薯干的原汁原味，而且通过精心包装，使产品保质期长达 10 个月。2018 年，全县生产番薯干 1020 吨。

（二）桐庐高凉亭番薯干

桐庐县合村乡高凉亭村位于桐庐西北部山区，这儿拥有众多的峡谷、山溪和险峻的峰峦，远离闹市集镇，空气质量达到国家一级标准，环境优美，不仅是城里人休闲旅游的最佳去处，而且也是众多名优土特产的产地，番薯干就是其中之一。

合村乡高凉亭村昔为荒无人烟之地，除大溪坪有广约 2.67 公顷的地坪外，其他地方耕地稀少。清同治之乱后，有江山县周姓迁此，在连绵不断的高山坡地以种植番薯等旱杂粮为生。番薯是这儿村民的主要粮食之一，并通过蒸烤等办法加以贮存。

晒番薯干

高凉亭番薯干形如鸡心，色呈琥珀，晶莹剔透，质地糯韧，味道甜醇，风味独特，为桐庐传统土特产之一，有"薯干胜蜜枣"之誉。

2018 年，桐庐益乡源农产品有限公司为整合产业资源，牵头成立了桐庐高凉亭薯业专业合作社。经过数年的努力，已拥有基地约 333 公顷，连接农户 289 户，主打烤薯干、手工原味薯片等产品，远销杭州、上海等城市。

八、柑橘

我国是柑橘原产地之一，资源丰富，品种繁多。早在 2000 多年前，作为吴越所属之地的严州地区已有柑橘种植。大面积种植柑橘则是在改革开放以后。在建德的三都、大慈岩、大洋等乡镇以及淳安的坪山、石林等靠近千岛湖附近的乡镇都种有柑橘一类的水果。

柑橘果实营养丰富，色香味兼优，既可鲜食，又可加工成各类制品，如罐头食品、果汁果脯等，适应市场需要。柑橘产量为百果之首，柑橘汁量占果汁总量一半多，广受消费者青睐。柑橘营养价值高，还含有镁、硫、钠等多种人体所必需的微量元素。柑橘树龄长，丰产性好，市场需求和经济效益相对稳定，是南方木本果类中的大宗树种。

（一）淳安蜜橘

淳安蜜橘

中华人民共和国成立前，淳安农民有房前屋后零星种植土橘习惯，产量不多。1959年千岛湖形成后，湖区气候适宜蜜橘生长。1962年春，青溪公社富城大队引进150株黄岩本地早蜜橘试种成功。1975年，新安江开发公司十八坞渔林场种植温州蜜橘6.67公顷。至1983年，全县35个乡镇、14个国有林场种植蜜橘，面积达2720公顷，年产蜜橘1250吨。1991年开始，对全县6066.67公顷低产橘园采取改水、改土、改树等技术措施，产量大幅提升。1995年，全县蜜橘种植面积2313公顷，蜜橘产量9794吨。至2005年，全县蜜橘种植面积4004公顷，总产量3.57万吨。之后，一直维持在这一规模与水平上。

淳安蜜橘外形美观，大小均匀，色泽鲜艳，皮薄无核，甜度适口，瓣瓤均匀，味香浓，易化渣，1983~1984年连续两年被评为杭州地区单株品质第一名。2004年被省农业厅、省柑橘产业协会评为"浙江省十大名牌"，并获浙江农业博览会金奖；2005年获杭州市名牌产品称号。

（二）淳安椪柑

淳安椪柑具有果大皮厚、色泽鲜艳、肉质脆嫩、汁多化渣、清甜可口、风味独特等优点。其果实呈扁圆形且较大，单果重 125~150 克，大的可达 250 克以上，果面橙黄色或橙色，果皮稍厚，易剥；果肉脆嫩、多汁，甜浓爽口，可溶性固形物 15% 左右，糖含量 11~13

淳安椪柑

克 /100 毫升，酸含量 0.30~0.80 克 /100 毫升，富含蛋白质及钙、磷、铁等人体所需的营养物质，经常食用可降低人体中的胆固醇含量，排泄体内的有害物质。2000 年在中国特产之乡农产品交易会评比中获名优柑橘银奖。2005 年，全县椪柑种植面积 668 公顷，产量 1.62 万吨。

（三）建德柑橘

建德市是浙江柑橘北缘次适生区重点县（市）之一，1978 年全县产柑橘 124 吨。针对低温易对柑橘造成较大灾害的实际情况，从 1978 年起，充分利用"三江（新安江、兰江、富春江）小气候"有利条件，在主要产区发展耐寒柑橘树种。1990 年，柑橘种植面积从 1982 年的 1191 公顷猛增到 4144.3 公顷，产量 2.42 万吨。20 世纪 90 年代中期，全市推广应用高接换种技术，对果品实行分级包装及保鲜贮藏，逐渐打响建德柑橘品牌。2005 年，柑橘种植面积 4480 公顷，产量 6 万吨，总产值 1.31 亿元，面积居浙江省第 8 位，产量居第 6 位，成为杭州市最大的柑橘产区。2018 年，全市柑橘种植面积 1500 公顷，总产量 11.65 吨。

九、猕猴桃

猕猴桃俗称胡桃、阳桃、藤梨、野胡桃、毛儿桃、仙桃等，系天然野生良果。清乾隆《淳安县志》载："藤生叶如葛，实如鸡子大，皮亦青色，成

猕猴桃

熟则香甘可口。"猕猴桃主要分布在铜山、白马、上坊、安阳、余家、双源、郭村、唐村、瑶山、夏中、秋源、文昌、富文等边缘山区。4~5月开花，10~11月果熟。2000年后，引进新品种进行人工栽培，全县有15个种类5个变种，年产量在400~500吨之间，占杭州地区七县（市）产量的一半左右。

猕猴桃享有"水果之王，维C之冠"的盛誉。猕猴桃含多种人体必需的氨基酸，维生素C的含量是梨、葡萄的几十倍，被誉为"果中珍品"。淳安猕猴桃品种优良，在1981年杭州市选出的23个优株中，淳安占22个。其中单颗果重100克以上的优质品种有3株。原妙石乡河村一片人工栽培的猕猴桃林，亩产在1000千克以上。1985年，郑中乡郑中村栽种0.67公顷，其他地方也有少量成片栽种。猕猴桃不仅能鲜食，还可制成各类食品。1979年，新安江罐头厂开发公司生产的猕猴桃罐头出口德国。1984年，宋村蜜饯厂生产的猕猴桃果汁、汽水、果酱畅销省内外。1984年，淳安县食品厂生产的猕猴桃月饼获杭州市中秋月饼新产品第一名。

十、淳安翠冠梨

淳安翠冠梨

淳安产梨以翠冠梨为主。产区主要分布在千岛湖镇、富文、金峰、汪宅、枫树岭、中洲等地。2003年开始，推广矮化栽培技术，其品质有明显提高。2005年，全县有梨园面积386公顷，产量2894吨。后千岛湖镇富泽村、里三村、东汉村、马路村建成的"淳安县千岛湖蜜梨示范园区"通过验收，该项工程共投入资金489.6万元，园区面积200公顷。项目实施后，园区总产量可达3720吨，成为淳安的主要产梨基地。

十一、严州杨梅

（一）淳安杨梅

淳安县自古产野生杨梅，农民也有零星栽培杨梅的习惯，但果实颗粒小，味酸。1963年，淳安金竹牌林场成片种植杨梅3.33公顷，开创规模经营之先河。1976年后，从外地引进大黑炭梅、东魁梅、荸荠梅等良种嫁接苗。至1991年，全县共有杨梅基地53.33公顷，主要分布在新安江开发公司下属的羡山、燕山、姥山、光昌等林场，年产杨梅60余吨。2005年，全县杨梅面积187公顷，产杨梅309吨。

淳安杨梅

杨梅果色红紫，果质娇嫩多汁，甜酸爽口，清香诱人，并含有多种矿物质、维生素和其他药用物质，以白酒浸泡为引药，有消暑解困、止泻杀菌、开胃助消化等功效。

（二）桐庐梅蓉杨梅

桐庐杨梅的主产区在桐君街道梅蓉村，梅蓉村种植杨梅已有三百多年的历史，所产杨梅果形肥大，肉质细嫩，咬上一口，汁液四溢，味甜爽口，深受人们的喜爱。当地杨梅主要有两大品种，一种是红色的，称红梅，其色鲜红带紫。另一种是白色的，称白梅，其色白嫩如玉。杨梅既宜鲜食，还可以制成杨梅干、杨梅蜜饯，用杨梅浸泡的杨梅酒，更是上等饮品，具有消暑、止泻、除乏等功效。杨梅营养丰富，含有糖类、果酸、维生素C、维生素B等，当地杨梅种植近几年来不断吸收外地先进的技术，在产量、品种等方面均有很大的发展。

（三）建德麻车杨梅

20世纪90年代之前，建德杨梅只在原麻车乡向阳村有少量种植，为本地品种，产量不高。1995年，向阳村从外地引进东魁、黑炭等杨梅新品种，开始规模种植。1999年，东魁杨梅注册"严州"商标；2000年，严州牌杨梅在杭州市农产品展销会上获得银奖，成为建德水果产业的后起之秀。向阳杨梅园区是省级无公害杨梅生态区、杭州市都市农业示范园。2013年，该园区杨梅种植面积487公顷，总产量885.2吨，分别占全市的88%、70%。2018年，建德市杨梅种植面积698公顷，总产量2286吨。

十二、青枣

青枣是淳安县传统名果，至少已有六百多年的栽培历史，主要分布在金峰、汪宅、左口、王阜、唐村、严家等乡镇。淳安青枣主要品种有大头马枣、蓑衣马枣，笔头马枣、马鞭枣、淳安大枣等21个品种，其中早熟品种大园枣，中熟品种大头马枣和下山枣，晚熟品种淳安大枣等，具有质地松脆、稳产高产的特点。2005年，全县有枣园面积866公顷，鲜枣产量高达1575吨，居浙江省第三位。

淳安青枣主要用于加工蜜枣、南枣等，鲜枣销量仅占30%。

十三、枇杷

严州地区的枇杷主要集中在淳安、建德两县市。

（一）淳安枇杷

中华人民共和国成立前，淳安枇杷多为零星种植，1959年后逐步引进良种成片种植，主要品种有安徽的"光荣"、余杭塘栖的"大红袍"、黄岩的"洛阳青"等。至1985年全县引进嫁接苗10万余株。1991年全县枇杷种植面积302.53公顷，年产枇杷414吨。

淳安枇杷

淳产枇杷果大肉厚、鲜甜多汁，成品有枇杷罐头、果露、果酒、枇杷膏等，畅销海内外。1998年后，引进了白玉、冠玉、大五星等优质良种。注册商标有"千农园"牌红肉种枇杷，果大、味甜、色泽鲜艳，耐贮运；"千农园"牌白肉种枇杷肉质细腻，味浓甜，品质极佳。2005年，全县枇杷面积达533公顷，产量1889吨。

（二）建德枇杷

建德枇杷主要产于大洋镇章家村。大洋镇章家村紧靠兰溪的穆坞村，穆坞的枇杷很有名，市场销路好，因此也带动了章家村的枇杷发展。章家枇杷的种植始于1985年。1986年村两委对集体山林进行公开承包招标，从而推动了本村村民枇杷种植的积极性。2013年，枇杷种植面积达426.5公顷，产量1492.6吨。2018年，建德市枇杷种植面积652公顷，总产量2900吨。

十四、阳山畈蜜桃

桐庐自古产桃，传统品种有玉露、白凤、蟠桃、黄金桃、苋菜桃等，以阳山畈村最为著名。阳山畈村种植桃树的历史有150多年，素称蜜桃之乡。阳春三月，走进阳山畈村，呈现在人们眼前的是"舍南舍北皆种桃，东风一吹数尺高。枝柯蒨绵花烂漫，美锦千两敷亭皋"的美丽场景，人称"桃花源"。

阳山畈蜜桃

阳山畈村因村庄位于牛头山之南，"开轩四望三千亩"，村以"畈"而得名。这儿有群山环绕的低丘缓坡山地和山陇梯田，有得天独厚的自然气候和地质条件，又在山之南面，光照充足，为蜜桃种植创造了十分有利的条件。

近年来，阳山畈村不断加大农业产业结构调整步伐，逐步做大做强蜜桃产业。

2004 年，当地成立了阳山畈蜜桃合作社，实行"五统一"服务，提升了蜜桃示范区的组织化、标准化生产程度。到目前为止，阳山畈村已经建成约 173 公顷的蜜桃示范区，年产蜜桃 2000 多吨。"阳山畈牌蜜桃"如今已是杭州市著名产品，其商标成为省级著名商标。

阳山畈蜜桃的品种有 16 种之多，3 月下旬至 4 月初为开花期，4 月中旬生果，5 月下旬早熟品种"暑光油桃"开始采摘，一直到 9 月中下旬均会不间断地有蜜桃品种上市。阳山畈蜜桃不同的品种有不同的风味，有的以果形大而见长，精品蜜桃最大单果重 450 克；有的以果肉柔软，汁多味甜见长；有的则以果肉硬脆，甜润爽口见长。比如"湖景蜜露"蜜桃外观圆球形，果皮乳黄，顶部有淡红晕，而内在果肉若是让其在树上完全养育成熟，此蜜桃的皮内果肉质即会变成柔软蜜汁水，人们只要往皮内插入吸管吸食即可，该蜜桃口感细腻，汁水甜润，容易消化，营养价值极高。

十五、钟山蜜梨

桐庐钟山乡境内群山环抱，翠峰连绵，林木深深，低丘缓坡山地平均海拔在 350 米左右,加上得天独厚的地质条件，为蜜梨的种植创造了良好的条件。自 1986 年开始，钟山乡对蜜梨进行规模化开发种植后，经过十八年时间的发展，至目前钟山乡境内已有优质蜜梨基地约 667 公顷，品种主要有翠冠、清香、新世纪、黄花梨等，产量达到 10000 余吨，产值达 3000 余万元。钟山蜜梨具有果形大、皮薄、肉质细嫩、清脆爽口、汁多无渣、清香甜蜜等独特品质，尤其翠冠梨在一株树上利用两种袋子套装后，因光合作用的不同，能分别产出外表颜色不同、内在风味不同的特色蜜梨。

近年来，钟山蜜梨产业以资源为依托，以市场为导向，实行科学布局、专业化生产、一体化经营、社会化服务和产供销紧密结合的经营方式，成为百姓经济的大支柱。

钟山蜜梨

钟山蜜梨曾先后获得首批省级优质农产品、浙江国际博览会优质奖和杭州市优质农产品金奖等荣誉，钟山乡也成为省级万亩无公害农产品基地、浙江省蜜梨之乡。

十六、建德草莓

中国是世界上草莓野生资源最丰富的国家，很早就开始利用野生草莓，据北魏《齐民要术》载："莓，草果，亦可食。"由此可见，我国栽培草莓至少有 1500 多年的历史。

建德市草莓生产起源于 20 世纪 80 年代初，经历了引进草莓露地栽培、大棚设施试种推广和规模化产业化发展三个发展阶段，草莓产业由小到大，由弱到强，形成了集草莓种植、物资供应、种苗繁育、技术服务、鲜果营销、观光采摘、产品加工等完整的产业体系和产业集群。草莓现已成为建德市的"金名片"，是农民增收的支柱产业。2018 年，全市共有 16 个乡镇（街道）、107 个行政村、1.19 万余户、2.56 万余人从事草莓产业。2018 年，当地草莓种植面积 935 公顷，总产量 3.12 万吨。

建德市从 20 世纪 80 年代开始引进种植草莓，并不断引进试种草莓新品种、研究栽培新技术。先后引进种植了红颊、章姬、法兰地等 30 多个品种。

建德草莓

建德莓农不仅掌握了草莓种植技术，还探索出了红颊草莓种苗繁育技术。建德草莓主栽品种为"红颊"，具有产量高，糖度高，口感好，上市早，果型大，耐贮运等特点，不仅在杭州深受喜爱，还远销北京、天津、南京、湖北、西安、上海等省市。

2008年建德获得"中国草莓之乡"称号，申报注册了"建德草莓"证明商标，被评为浙江省农业名牌产品，农产品地理标志登记产品。2009年通过举办首届新安江——中国草莓节，使"新安江牌"草莓在国内市场的知名度有了很大的提高。第17届全国草莓节也在建德举行，"建德新安江中国草莓节"被评为浙江省优秀农事节庆活动。"建德草莓"先后多次荣获全国、浙江省、杭州市优质农产品金奖，是浙江省主要草莓生产优势区域，被浙江省农业厅授予全省首个优质高效农产品示范基地和标准化栽培示范基地。

十七、建德白莲

建德种莲已有一千多年历史。唐代诗人方干（836~888）游睦州时曾写下"树影兴余侵枕簟，荷香坐久著衣巾"的诗句。宋景祐元年（1034），范仲淹知睦州军时，曾留下传颂至今的名篇《潇洒桐庐郡》十首，其中一首便写道："潇洒桐庐郡，千家起画楼。相呼采莲去，更上木兰舟。"（桐庐郡是睦州的别称，郡治在今建德梅城）从诗中描绘的情境可见当时建德种莲已有一定规模。宋代诗人范纯仁咏严陵西湖四景时有"万顷琉璃蹙翠鳞，日迟风暖物华新。千花百草游人路，应道壶中别有春。深堂高阁赴清风，舟泛荷香柳影中……"的诗篇，描写了其时百亩的严陵西湖，蔚为壮观的荷花。当时建德不仅州府之地种莲，四乡都有种莲。明代《建德县志》就载有因种莲而得名的村庄，如西洋庄有莲塘村，陈村庄有荷花塘村。

"严无奇产，实异他方。衣食所资，民用之常。羽毛鳞介，渊谷潜藏。何物可书，山水之乡。"严州的物产异于他乡之处就在于其是山水之乡，因为区域内河流纵横交错，水源丰富，又属亚热带北缘季风气候区，雨水充沛，栽种白莲已成了严州的地方特色。

南宋宁宗皇后杨桂枝（1162~1233），严州淳安人，宋理宗赵昀登基后封为皇太后。其侄杨谷当年居建德杨溪（即今洋溪），封新安郡王。南宋绍定四年（1231），宋理宗为母做寿，杨谷特为姑妈选送建德莲子作为寿礼。由于建德莲子质地好、口味佳而被钦定为皇宫贡品，此后一直沿袭到明朝。

据《严州府志》记载，严州的莲房、莲芯一直被列为严州特产果品。志中《贡赋》栏载，自明永乐二年（1404）开始，严州府每年纳贡莲芯五十斤，茶芽（即严州苞茶）十八斤。其中便规定建德县交纳贡品莲芯二十斤，茶芽五斤。纳贡的莲、茶中，白莲所占份额皆比茶更重。

据1936年统计，建德年产白莲560担，当时每市担白莲平均价40.84元，可换大米952斤。白莲部分由农民自产自销，销往县城和邻县市坊，部分由私营南北杂货店经营，主销兰溪，转销沪、杭、甬等地。2018年，建德市白莲种植面积507公顷，产量494吨。

第五章
小吃、点心

一、严州酥饼

严州酥饼历史悠久，相传唐代诗人方干科举落第之后曾在睦州开过酥饼店，是严州酥饼行业的祖师。以后代代相传，名气越来越大，成为闻名遐迩的传统特产。

严州酥饼

严州酥饼以白面粉、雪里蕻干菜、肥肉、芝麻、菜油、饴糖等做原料，经过擀面做坯，裹馅和烘烤，制成蟹壳那么大一只，两面金黄，上面满布芝麻，中间以干菜肉为馅，味道极佳。

严州酥饼携带方便，是旅行者的理想干点。据说唐代以来，严州一带的人出门经商、赴试，都携带酥饼作干粮。现在来严州的旅客，都喜欢买酥饼带回馈赠亲友，或作为途中的便餐。目前严州城乡遍布酥饼店，制作各类酥饼，可谓应有尽有。

二、苞芦馃

苞芦馃是淳安农村一种独特味美的主食。苞芦，学名叫玉米，又

苞芦馃

称"玉蜀黍""包谷""包米""珍珠米"等。苞芦性喜高温，适宜疏松肥沃的土壤。淳安县田少山地多、所种苞芦生长期长，结出的苞芦粒似珍珠，晶莹透亮，有的洁白如玉，有的金黄闪光。做苞芦馃首先要将晒干的苞芦粒用石磨碾成粉。用石磨磨出的粉有韧性，能保留苞芦的清香味。做馃时，铁锅内放入适量的水，水烧开后将苞芦粉倒入让其煮沸，边煮边搅拌，用力翻压，并适时加入开水，使粉成团块。之后将其掏起放案板上，将粉团反复揉搓，边搓边均匀地把大粉团分成小粉团，再将小粉团用手掌挤压，挤压成厚薄匀称而圆的饼（馃），做好的馃放入热铁锅内烤，要掌握好火候。锅不能太热，待馃的两面都黄硬时起锅。冷苞芦馃可于火炉上烤，烤后硬而松脆，再蘸上农家霉豆腐，余香悠悠。苞芦馃的馅用青菜或腌青菜，再放入碎精肉、白豆腐，再拌上少许野菜，浇上猪油，食之使人念念不忘。

三、三都麻糍

三都麻糍是三都乃至新安江流域的传统风味小吃，与普通的麻糍有不同之处，制作工艺特别讲究，都是代代口口相传的。

三都麻糍是三都传统庙会——二月半庙会上的宠儿，热闹的庙会仿佛就是麻糍的世界，叫卖声不绝，歌咏声不停。

三都麻糍有别于梅城、寿昌等地的麻糍，其最大的区别就是皮中有馅。一般有两种馅料：一种是赤豆煮熟碾碎成豆沙再加糖，另一种是芝麻炒熟碾碎再加糖。

麻糍制作，需先将糯米提前一天放入水桶或水缸浸涨，然后放入锅中，用蒸笼蒸熟。糯米再倒入石臼，用大木槌用力捶打，直到看不见米粒为止。取出来，放到砧板上，然后摘成一个个麻糍胚，放入豆沙或芝麻馅，就成了三都麻糍了。

相传在春秋时期，徐国国君偃王反周，被周穆王联楚围剿，徐偃王不忍子民被诛伐，于是携子宝衡及子民万余人南迁。

周楚联军一路追杀，徐偃王避难龙游，其子宝衡兵败建德。被困三都苕溪的宝衡不忍生灵涂炭，宁死不愿登陆逃入山中，与追兵血战苕溪之畔而终。时值上春，溪水呈红色流入富春江，人见心寒，三都黎民感戴宝衡爱民

麻糍

之心，掩埋好宝衡及死难将士的遗体，对苕溪跪地而拜。这一天正是农历二月十五，三都黎民早起制作麻糍，欲抛江祭祀，仔细一想，便觉不当，因为将白糖芝麻放在麻糍外面，抛入水中很容易化掉。于是便将芝麻、豆沙等馅，包在麻糍里面再抛入苕溪，这样宝衡及死难将士就能吃上香甜可口的麻糍了。说来也巧，这一年，本地风调雨顺，是个好年成，黎民们便以为是徐偃王之子在保佑他们，于是大家便积极捐资建庙于苕溪东北，这样就形成了三都二月半庙会的风尚，即麻糍抛江的风俗。后来，随着徐偃王父子庙宇的建立，麻糍抛江的风俗改为将麻糍放在庙中作为祭品摆放，供于徐偃王庙中的香案上。

四、清明馃

清明馃是严州一带在清明时节做的米粉馃。清明馃按颜色分，可分为两种，一种是白色，是纯米粉做的；另一种是绿色的。白色清明馃的制作，需将米粉放入水刚烧开的锅里煮十几分钟，然后用铲子把它碾成团，直到团中没有干粉为止。然后搓成长条，把它摘成一个个剂子，做成馃坯，再放入菜馅，捏成大梳馃，或放入印版压实敲出。米粉也有用少量水拌匀后摊散放入锅中蒸熟再做的。清明馃还有一种是绿色的，是米粉中拌进了"青"，即一种艾草。清明前，家中的妇女小孩去江边或菜地里剪来鲜嫩的艾草，经过挑选洗净，放在滚水里煮，同时放入少量的石灰水，利用碱性去涩。然后捞出放入清水漂洗几遍，再放入石臼捣烂，变成细纤维状。然后揉进蒸熟的米粉坯中，

揉均匀之后，再做成馃坯。

清明馃按味道分，可分为甜的、咸的。馃内的馅一般有肉、腌菜和豆腐，有用菠菜或萝卜丝等，也有用芝麻、豆沙等做的甜馅馃。

清明馃除自己食用外，还用于清明时节放在坟前祭奠祖先。

五、南瓜酱

严州南瓜酱，其制作需先将南瓜洗干净，切成片，晒干，然后蒸大约十分钟。出锅后拌入辣椒酱、糯米粉，还有切碎的橘子皮，也可以放些其他香料，拌匀再用筷子一块块挑出，放到筐箩中，在太阳底下晒半干，然后收入瓶中即可食用。如果时间要放久一点也可以晒得干一点。严州各地做法不完全一样，有的先把辣椒酱熬制一下，再拌入蒸熟的南瓜，有的拌好之后需要蒸、晒几次。南瓜也因人而异，可以蒸成半熟，有南瓜片的形状，也可以蒸成烂熟，变成糊状。也有不用橘子皮而采用柚子皮的，柚子皮厚，不如橘子皮香。比例也因人的口味而有所改变。

六、方糕

严州产方糕，主要在冬天制作。冬天，按 6 斤普通米 4 斤糯米的比例用水浸泡，如果口感需要硬点的话，普通米的比例可再稍加大些，反之比例可再小些。总之比例不要过大，太硬或太软都不好做。糯米和普通米混合后浸泡 10 天半月，然后把米捞起来沥干，倒入磨粉机或石磨中磨成粉。磨出的湿粉放入特制方形的蒸笼上，压平，然后用长条印版划出方块，放到锅里蒸熟。蒸熟的方糕整板倒出晾在竹帘上，一星期后一块块有印花的方糕即可食用或出卖了。这种方糕浸泡在水中，一直吃到第二年的清明都没有问题。

七、土甜酒曲和甜酒酿

严州产土甜酒曲和甜酒酿。

土甜酒曲制作：首先准备一个土酒曲捣碎成粉状放入碗中备用。然后准备一碗米粉和一碗带露水的金银花，早晨将带露水的金银花摘下，经过挑选，将杂物剔除，再将金银花捣碎，拌入米粉中，加入少量的凉水，水的多少以拌匀的米粉能搓捏成小球为准。小球的大小和形状同原酒曲一样，然后放在原酒曲的碗里滚动一下，使得小球上面沾满原酒曲粉，后放在干净纱布上。全部做好排列在竹匾里，再盖上干净的纱布。放在阴凉的地方，一天后拿到太阳下晒，直至晒干，密封后放冰箱存放。

甜酒酿的制作：按一个酒曲2.5斤糯米的比例（天气冷2斤糯米），把糯米浸泡一晚，捞出后蒸熟，倒出糯米放入罐子里，让它冷却。将酒曲放入碗中，用木棒捣碎成粉状待用。糯米凉后用一碗冷开水分次倒入糯米中，边倒边将糯米分散成粒状，直至成团的糯米全部散开。然后拌入酒曲，再将其拌匀，将糯米摊平（不要压实），中间挖成一个凹洞，盖上盖子，放在温度十多度的地方。两三天后，酒酿就会慢慢飘出香气，饱满光亮的饭粒逐渐变成干瘪和颜色暗淡的酒糟，同时罐子中甜酒酿中间凹孔里的酒水也满了，酒酿也就酿好了。这时就不能再放在外面了，而要放入冰箱保存起来，否则会变味。

第六章

日用

一、千岛湖五福钱

千岛湖五福钱有金、银、铜、镀金、镀银、水晶等，甚至还包括元宝、生肖卡、星座卡等多个品种。"五福钱"曾多次被国家选为外事礼品，其中"《中国千岛湖》五福钱画册系列"于1999年4月获国务院新闻办公室颁发的第三届全国对台宣传品一等奖；"千岛湖现代花钱"和"千岛湖平安吉祥挂钱"于1997年3月获第二届中国民间收藏品及工艺品博览会最佳旅游收藏品奖；2004年10月，"千岛湖五福钱"作为礼品赠送雅典奥运会各国参赛运动员。"五福钱"属千岛湖标志性旅游纪念品，也是唯一有"千岛湖牌"注册商标铸造发行的中国吉祥钱。

二、青溪龙砚

青溪龙砚生产历史悠久，素有盛名。据传，早在宋朝，淳安威坪吞岭的龙眼山就已开始采石制砚，距今已有1000多年的历史。淳产青溪龙砚有30多个品种，造型有方、圆、腰形等。青溪龙砚是特制的精品，其砚内能呵气成雾，储水不涸，其砚面纹理清晰，雕琢典雅别致，图案浅、深、平、浮式多样，并配以动、植物及人物等雕像，构思奇特，堪与端、歙之名砚媲美。其砚台还配有古色古香的樟木盒，

青溪龙砚

砚盒正面刻有当代著名书法家沙孟海亲笔题书"青溪龙砚"四字，其中"云龙""雨雪"砚行销东南亚、西欧等 10 多个国家，"小寿星""九龙戏珠"分别获杭州市工艺美术工业公司二等奖和三等奖。

三、山越麻绣

　　麻绣为淳安民间手工艺术的传统产品，为古山越人文化遗存，有 1800 多年的历史。现今威坪的唐村、王阜、严家一带农村仍盛行麻绣，即在自种自制的苎麻布上用蓝色麻线织绣出各种花纹图形，常见的图案有"龙凤呈祥""百鸟朝凤""金鸡嬉菊"等。山越麻绣挂在居室墙上，或作门帘，充满古朴气息，将它制成围裙头巾，别具一格。

四、工艺手杖

　　淳产工艺手杖采用本地生产的优质木材精制而成。产品有全龙、半龙、十二生肖、仕女、竹节、西湖十景、黄山风景、千岛湖风光等多个品种。其杖长 1 米左右，以身材长短而选，使用感较好，备受年老者和外地游客的喜爱。其产品销往非洲、东南亚等国家和地区。1982 年，十二生肖手杖获杭州市工艺美术工业公司二等奖。

五、严州木炭

（一）桐庐芦茨木炭

桐庐木炭数芦茨木炭最负盛名，清光绪年间就有"白云源盛产木炭，青炭最上，栗炭次之，乌炭又次之"的文字记载。

芦茨木炭主要产自茆坪等村，其品种分乌炭与白炭两类，又因烧炭的原料不同，可以细分为青炭、乌钢、条枕、松统等品种。茆坪等村古时产乌炭，自光绪年间诸暨籍上海山客刘月迁来后，因白炭货俏利厚，山民多仿效之，才首创改烧白炭。这儿的青炭，自古以质优而闻名于杭、嘉、湖及上海等地，除日常生活之用外，还可用于烘蚕茧，故民国时，茆坪村有不少在海宁一带做柴炭生意的人。杭州自古丝绸出名，也有芦茨木炭的一份功劳。

旧时，茆坪村大多由山客判（把全部货物估价一次性买进或卖出叫"判"）柴山，雇工烧炭，亦有山客与炭工合伙建窑的，然后再按一定比例分木炭。烧炭除本地人以外，还有不少人是来自青田、缙云等地的。

传统的烧炭窑有鲤鱼窑、弄堂窑、大岭窑、平底窑、犁头窑、猪头窑、横山窑等等，而主要炭窑有猪头窑与横山窑两种。山农在打造炭窑前，须先用三牲福礼祭祀山神，请过山神后再动土打窑就不会冒犯山神，希望烧出的木炭不会有夹生炭。

茆坪村群山堪称炭窑遍布，境内有山林三万五千多亩，这些山林一般八至十年可轮回烧一次炭。山上砍下来的柴在放进炭窑前，均要截成半人高左右的段，并将木柴整齐、有序地排叠装入窑内，一般猪头窑可烧十几担木炭，而横山窑则可烧炭二三十担，最多达五十余担。

一窑炭的燃烧时间约一天一夜，窑前得有人轮流看守，绝不能让火熄灭，故窑工的生活十分艰辛。在日夜看守火候的过程中，还得注意炭窑四周有无"漏气"。经过一天的燃烧，炭窑烟囱飘出来的烟渐渐变淡，待到烟慢慢地变成一缕缕后，炭农用早就准备好的石块和着泥巴封上烟囱，再把窑门和风门封好并糊上一层泥巴，以防止空气漏进。

一般炭窑闷火三天即可出窑，又因趁着炭窑尚有余热，为使第二窑炭好

芦茨木炭

烧些，出窑后即要装进新柴再烧，有时装窑人不得不穿上厚厚的棉衣来抵御窑内的热浪。

烧好后的木炭，除了颜色之外，一整条的依稀还是树木的样子，看柴皮还可以分辨出是哪种柴烧的炭。把一根根木炭小心地取出来，整齐的放进用竹编制的炭篓里，然后盖上炭篓帽，并用篾把盖与篓绕好。炭篓是一种专门用来装炭的篓，炭篓式样大小，因品种而异，大者逾80斤，小者仅20斤，乌炭均为大篓，而白炭则多用花色小篓，旧时称"花炭"。

（二）建德七里泷等地木炭

建德山多田少，靠山吃山，柴炭生产历来是建德的一项重要经济来源。

建德生产柴炭最多的要数七里泷。七里泷上起江南村下至冷水村，全长二十多里，沿江山岭相连，有着纵深的道道山坞，除少量松树外全是野生杂木林，柴炭资源极为丰富。据老人估算，在新中国成立前，这里年产白炭5万多担，杂柴100多万担，松柴10万担。

七里泷的柴炭出运靠的都是船只，白炭每担运费3斤米，柴每担运费5至6斤米。柴炭售价和运费常有起落，最高时柴每担20斤大米，运费每担7至8斤大米。

除七里泷外，建德生产柴炭的还有大洋、大洲、南峰、庵口、乾潭等地区。大洋地区每年产柴炭50万担左右，其中木炭2万多担。每当柴炭销售旺季，大洋埠头的船只来不及运输，还得从兰溪、三河、麻车等埠头调度船只。

1929年，全县出口柴5万担，炭2.5万担，柴炭出口总额为9万元，占全县输出物品总值的3.9%。

六、严漆

中国种植生漆和加工漆器具有悠久的历史，并获得了极高的艺术成就。几千年来，充满魅力并具有中国气派的漆器作品，是我国艺术史中辉煌的一页，同时也是世界文化重要的组成部分。生漆历史悠久，已有几千年的历史。据记载，我国战国时期著名的思想家、哲学家、文学家庄子就当过管理漆园的小吏。晋丘衍《学古篇》中称："上古无笔墨，以竹挺席漆书竹上。"韩非子《十过》篇中写道："尧禅天下，虞舜受之，作为食器，斩山木而财之，削锯修其迹，流漆墨其上，输之于宫，以为食器。"

严漆，即严州生漆。漆是从漆树韧皮层中割流出来的黏稠体，其主要成分为漆酚。其主要产于建德、淳安、桐庐、天台、新昌等地。因以严州（今建德市）所产的生漆最为著名，故称"严漆"。严漆在华东地区生漆商品市场上享有一定的声誉，素有"严漆徽木"之称（徽木，即安徽省的徽州木材）。由于严漆质量优异，称为"涂料之王"。

严漆的生产有着悠久的历史。宋淳熙《严州图经》记载："隋置睦州，

严漆漆树

惟蚕桑是务，更兼蒸茶割漆。"据《宋史》和《严州府志》记载，"方腊者，睦州青溪（今淳安县）人也，县境民物繁多，有漆杉褚材之饶，富商臣贾多往来"，"腊（方腊）有漆园，造作局官屡酷之"。从以上记载可以看出，早在距今八百多年前的北宋，建德一带已盛产生漆。严漆质地优良，粘膜坚韧，附着力强，色泽光亮，品质细，漆酚高（含 40%~60%），有"严漆清如油，清光照人头，搅动琥珀色，提引钓鱼钩"（指稠丝回缩力强）之说。严漆驰名于沪、杭、甬、温等地，远及闽、赣两省。明、清两代，皆把严漆列为贡品。

严州生漆，是一种天然的优质涂料。特点是耐酸、耐碱、耐磨、耐水、防潮、绝缘、耐高温、抗腐蚀，是我国传统漆器不可缺少的原料。其广泛用于油漆工业设备、农业机械、基本建设、手工艺品、历史文献，以及民用家具等。

严州府城（今建德市梅城镇）地处浙江西部的新安江、兰江、富春江三江汇合处，上有安徽的徽州和浙江的婺州（金华）、衢州，下有杭州、湖州等。明清时著名的徽商就是沿着新安江东下，先在这里歇个脚，然后再奔赴各地（主要是江浙一带），驰骋商海的。因此，严州府城在历史上是商贾云集之地，严漆通过他们之手销往上海、杭州、宁波、温州，以及江西、福建等地市场。

据邵春贤在《中国生漆地与品质的研究报告》中指出：严漆属华东漆（小木漆）一类，大多为小麦漆（家漆），以营养根繁殖，产季较早，单株产量一般为二大两，高的达半斤。其漆酚总量平均值为 68.5%；三稀漆酚平均值为 47.6%；水分含量平均值为 14.11%；树胶质为 9.76%；物理指标，经涂板实验，光泽度平均值为 65%，表干时间平均值为 320 分钟。该报告称华东产区的严漆为中国漆的佳品。

建德位于浙江西部山区，土壤多数属微酸性黄红壤，年平均气温 17℃，相对湿度 77%，年平均降雨量 1500 毫米左右，这些条件适合漆树的生长要求。民国时期，建德严漆的产量一直居全省之冠。主要产地为建德的安仁、南峰、大洋、芝峰、乾潭、下包、钦堂等地。

严州因为盛产生漆，因而带动了漆画的发展。漆画是以天然生漆为主要材料的绘画，除漆之外，还需有金、银、铅、锡或蛋壳、贝壳、石片、木片等材料。它既是艺术品，又是实用装饰品，成为壁饰、屏风和壁画等的一种表现形式。漆画越来越走进人们日常生活中了，它给我们的生活增添了美好的艺术感。

七、苎麻

苎麻，先秦时称"纻"，后叫"苎"。据史料记载，苎麻原产于中国黄河流域。隋唐后，气候变化，逐渐迁移到长江流域、江南之地，并传播国外。欧美国家把苎麻称之为"中国草"。1958年，在浙江省吴兴县钱山漾原始社会新石器时代遗址中出土一批苎麻织物残片，它们纤维细致，经纬分明。据考证，苎麻在中国栽种的历史非常悠久，距今已有4700余年的历史。

1949年前，在淳安一带栽种苎麻相当普遍，几乎每家每户都有自己的苎麻园。苎麻是纺织的上等原料，用它可以做夏布（土布）、蚊帐、鞋底线、衣服、裤子、围裙、袜子、布袋等生活用品。

苎麻，属根茎植物，栽种方便，一年可以收割三次。苎麻纤维细，拉力强，耐水湿，富有弹性和绝缘性。其纤维长度为棉花的7倍，且透气性好，传热快，穿在身上有凉爽感觉。它的纤维不易受霉菌腐蚀和虫蛀，而且轻盈，比同容积棉花轻百分之二十。

苎麻的成熟期分别在芒种、立秋和霜降三个节气之前，成熟的标记是它叶片的颜色，由绿色变为褐色就可以收割了。如果当季不收割，苎麻就停止生长，并开花结籽，但不影响纤维质量。

苎 麻

割苎麻时，先用竹丝条从苎麻梢头往下沿杆皮垂直抽打，叶片迅速脱落。苎麻叶片是上等猪饲料，人也可食。苎麻园在抽打的噼啪声中很快成为光秃秃一片，农人开始用柴刀砍倒苎麻。而后，在园中席地而坐，将每枝苎麻纤维条剥落，扎成几捆挑回家，放入木桶，盛满水，用石块压实，浸泡到下午。吃过中饭，农人用苎麻刀（专用刀具）逐条刮下纤维表层薄皮。刮的时候，在大腿上垫一块旧布片，苎麻放在布片上，表皮朝上，一刀刀慢慢把表皮刮干净，露出白色纤维。刮干净的纤维条搭在晒坦上的毛竹竿上晒干，贮存待用。

农忙结束，农妇有了空闲，于是开始用雪白的苎麻纤维搓鞋底线了。先将干燥的苎麻纤维在水中浸泡，掰成细丝。农妇在自己大腿上放一片瓦，早先的瓦片叫青龙，是专门定做的，较一般瓦片要厚实，弧度也小些，上面刻有细浅凹槽条纹，以增加搓线的摩擦力，防打滑。搓线这项女工活，农村妇女人人会做。搓线要求密度大，均匀，厚亮。鞋底线搓多长呢？每条搓一庹长（庹，两手臂平伸，两只手手指之间的距离称庹），搓好的鞋底线一串串扎好。择个好天气，放进锅里，加水，加豆壳灰（黄豆秸秆烧的灰），再撮一点生石灰，烧开后转文火煮 2 至 3 个小时。乘热捞出，在石板上用力捣捶，乘线还热时用力捣捶，如果冷了，就漂不白了。晒干后放入箱内，待用时再拿出来。

八、蚕丝

"春蚕不应老，昼夜常怀丝。何惜微躯尽，缠绵自有时。"中国人跟蚕的缘分在新石器时代就已经开始。吴兴钱山漾新石器时代遗址中出土了绢片和丝带，那是长江流域采用野蚕丝的实证。

时光荏苒，野蚕逐渐被驯化为家蚕。殷墟出土的甲骨文里就有大量关于蚕、桑、丝、帛的记载。有卜辞问神"用五头牛祭祖宗，用三头牛祭蚕神，行吗？"还有一块武丁的卜辞"戊子卜，乎省于蚕"，意思是"蚕怎么样了，快去看看"。

大约在汉朝，桑蚕业转移，浙江蚕业从浙东发展到浙西地区。

南朝齐永泰元年（498），史料有记载称，建德县令教民"男丁种桑 15 株，柿树 4 株以及枣、栗之属，女丁减半，人咸迎悦，顷之成林"。后又有《隋书》

记载，新安、遂安等地"一年蚕四五熟，勤于纺织"。

　　严州一带气候温湿，阳光充足，雨水充沛，四季分明，适宜桑林生长。据南宋《严州图经》记载，养蚕也已成为严州一带农人的主要经济活动。所谓"初生千蚁黑，日照窗纸看，温房护密密，蠕动怯春寒"。这些怯寒柔弱的小黑点，最后作茧自缚，成就了绣鸳鸯的嫁衣裳。

第七章
水产品

一、石斑鱼

据南宋《新安志》载:"石斑鱼青而扬赤,夏月食,其籽令人善呕。"淳安境内石斑鱼的品种有乌石斑、牛头石斑,牛头石斑又分为黑头石斑和红头石斑,属杂食性鱼类。石斑鱼体小,鳞多,喜栖于山洞深潭石块下,繁殖力极强。盛产于云溪、梓桐源、风林港及淳北临岐山溪。石斑鱼肉多刺少,质优味佳,鱼干更为鲜美,风味独特。

二、野生甲鱼

甲鱼俗称鳖、团鱼,属两栖类爬行动物。其背壳坚硬、指趾有蹼,吻突尖长,背上皮软,体表无角板。头部淡青灰色,散有黑点,喉部色淡。甲壳四周有厚实的裙边,肉质肥厚,味道鲜美,营养丰富,其甲壳药用价值高。千岛湖内及各溪流深潭中均有甲鱼生长。

野生甲鱼

三、金鳅

据清代《续纂淳安县志》载，金鳅"产北乡之合浦等处，长寸余"。金鳅喜栖于山涧小溪的细沙中，体细长，侧扁，形似小鳗，其背有细斑纹，生长量甚少，但其味尤鲜，金鳅炒红辣椒酱加青椒，色艳味美，为淳安特色名菜。

四、童鱼

《新安志》载："童鱼小而为群，首如蝌蚪。"清代《续纂淳安县志》云："童鱼产东溪，形于锥，长寸许，清明前者佳。"县境山溪中较多，喜栖于溪流湍急的磊石之间，色呈黑灰，肉质肥厚，生命力极强，其味鲜珍。

五、竹叶鱼

在建德马目、杨村桥一带有一种很著名的小鱼，色青，无鳞，体瘦，略有斑纹，体形细长微扁，形若竹叶，称作"竹叶鱼"，多出现在高山深潭的碧溪之中。

制作方法：在锅中放食油少许，将此鱼略烘熟，呈黄色，然后置咸菜于其中，稍炒，便可以出锅了。

此鱼口感甚佳，肉特嫩，味特鲜。将竹叶鱼煮汤，此汤不放生姜、料酒等作料，也无鱼腥味。关于竹叶鱼还有个传说故事。

唐代，淳安女子陈硕真率众举事，自称"文佳皇帝"，占睦州，克歙州，攻婺州。唐永徽四年（653），陈硕真兵败，撤退到马目。其部下固守江岸，等待援军。不久，大军就断了炊。

一日，陈硕真到江边巡视，见水中有无数野鱼轻盈地在溪水里游来游去，她大喜，下令士兵将游鱼捞上来充饥。未料，士兵捞上来的不是鱼，竟是片片竹叶。

陈硕真大怒，拔出身上的佩剑，挥剑向身边的翠竹枝叶劈去，说道："人说，得道多助，失道寡助。吾陈硕真起事以来，除暴安良，替天行道，为百姓兴兵作战，出生入死，人说，天无绝人之路，苍天何不助我一臂之力？"

话声刚落，只见落入溪中的竹叶皆成活鱼，跳出江面。兵士便下水捕捞。当晚，士兵将鱼煮熟了，饱餐一顿，士气大振。是夜，陈硕真率领众将士乘敌军不备，一鼓作气，突出重围。

竹叶鱼还有一个传说。某年，浙西一带村民生活异常贫困，缺衣少食。一日，观音菩萨到人间察访民情，见村民以野菜、野果为生，个个面黄肌瘦，食不果腹。观音顿生仁慈怜悯之心，随手采摘了一大把竹叶抛洒在水中。片刻之后，溪中的竹叶便变成了条条小鱼，在水中游荡，人们下水捕捞。因而，这种形似竹叶的小鱼又被叫作"救命鱼"。

六、石蛙

学名棘胸蛙，俗称石鸡，属两栖类动物，色呈褐黄，表皮粗糙，雄蛙背部有成行的长疣，胸部有大团刺疣，刺疣中间有角质黑刺，前肢粗而短，后肢较长；雌蛙背部布满小圆疣，腹部光滑，趾有蹼。石蛙以捕昆虫为食，善跳跃和泅水，喜栖山坑溪流石涧。县境深山区野生颇多。其肉质鲜美，营养丰富。2005年后，有少数农民利用山沟进行人工养殖，但产量很低。

七、青螺

青螺主要栖息在县境河溪湖泊近沿及池塘内，其壳质较薄，壳面具有明显螺棱，捞捡后放于清水吐尽泥沙，配以佐料烧煮，食之有趣，肉、汤味鲜美，螺黄尤为名贵。清代《续纂淳安县志》载："青螺惟遂安港口近处者最佳。"

八、娃娃鱼

娃娃鱼学名大鲵，因其叫声酷似小孩的啼哭，又称娃娃鱼，属两栖动物类，是著名的活化石，具有很高的科研、食用、药用和观赏价值。它是我国特有的珍贵动物，被列为国家二级保护动物。大鲵身体扁平而壮实，头宽而圆肩，口很大，眼极小。四肢短小，尤其前肢似小孩胳膊，尾部侧扁，背部棕褐色还缀有大小不等的云斑，身体背面为黑色和棕红色相杂，腹面颜色浅淡。娃娃鱼一般生活在海拔 300~2000 米的水流湍急、水质清凉且石缝岩洞甚多的山区溪河中。白天常潜居于有洄流水的洞穴内。娃娃鱼主要以蛙、鱼、蛇、虾以及水生昆虫为食。其在淳安境内山川溪流的石隙间都有分布，一般身长 15 厘米左右。1980 年，淳安捕获一尾娃娃鱼重达 5 千克，后送浙江省博物馆。

九、"淳"牌有机鱼

千岛湖发展有限公司严格按有机水产品生产标准，从鱼苗到餐桌全程实施 ISO9001 和 ISO14001 质量管理体系，得天独厚的生态环境，孕育了品质卓越的"淳"牌有机鱼。"淳"牌有机鱼具有品质纯正、味道鲜美、无泥腥味、蛋白质高等特点，富含 17 种氨基酸，尤其富含人体所需的 8 种氨基酸，具有降低胆固醇，增进智力、养胃益气和降血压的功效。2000 年 10 月，公司生产的"淳"牌千岛湖鲢、鳙、青、草、鲤、鲴、鳜等多个品种通过国家环保总局有机产品认证中心（OFDC）的有机鱼认证。"淳"牌有机鱼已成为中国烹饪协会餐饮推荐产品和 2005 年全国第三届淡水鱼烹饪大赛指定用鱼。2002 年"淳"牌千岛湖有机鲢、鳙鱼获浙江省农博会金奖。同年 12 月公司组建生态农产品配送中心，至 2003 年底，销售地区从原来的 2 省 7 市扩大到 8 省 18 市。2003 年"淳"牌千岛湖有机鲢、鳙鱼被评为浙江省名牌产品；同年中国优质农产品开发服务协会授予淳安县"中国有机鱼之乡"称号；"淳"牌千岛湖有机鱼通过国家原产地标记注册。2004 年"淳"牌有机鱼获得浙江省名牌产品称号。2005 年"淳"牌有机鱼作为国宴用鱼进入中南海。2005 年，"淳"牌有机鱼获浙江省著名商标称号。

十、鳜鱼

鳜鱼又称作花鲫鱼、鳜花鱼、季花鱼、桂花鱼、桂鱼等，属千岛湖名贵淡水鱼。鳜鱼体高而侧扁，背部隆起。鳜鱼以"鱼"为食，其肉质细嫩丰满，以肥厚鲜美，内部无胆少刺而著称，故为鱼种之上品。明代医学家李时珍将鳜鱼誉为"水豚"，意指其味鲜美如河豚，被称为鱼中上品、宴中佳肴。春季鳜鱼最为肥美，被称为"春令时鲜"。淳产鳜鱼，其肉洁白、细嫩而鲜美，无小刺，富含蛋白质。其味清香扑鼻，鲜嫩可口，具有补虚劳、益脾胃的功效。鳜鱼在唐宋时就很有名，这里有诗词为证。如唐朝的诗人张志和写的《渔歌子》：

鳜　鱼

> 西塞山前白鹭飞，桃花流水鳜鱼肥。
>
> 青箬笠，绿蓑衣，斜风细雨不须归。

宋朝诗人晁冲之写的《渔家傲·浦口潮来沙尾涨》：

浦口潮来沙尾涨。危樯半落帆游漾，水调不知何处唱。风淡荡。鳜鱼吹起桃花浪。　　雪尽小桥梅总放。层楼一任愁人上。万里长安回首望。山四向。澄江日色如春酿。

宋朝诗人陆游写的《柯桥客亭》：

> 梅子生仁燕护雏，绕檐新叶绿扶疏。
>
> 朝来酒兴不可耐，买得钓船双鳜鱼。

诗人们把鳜鱼写得非常美好，配上优美的景色，让鳜鱼具有了更多的诗情画意。特别是陆游的诗里，更把美味的鳜鱼配上芬芳的绍兴老酒，那味道和境界就更佳了。

十一、"千岛湖"牌中华鳖

千岛湖牌中华鳖由淳安县千岛湖中华鳖基地生产。千岛湖牌中华鳖依托优质水资源优势，实施无公害养殖，采取鳖鱼混养，因地制宜全部投喂螺蛳、小鱼虾等，生产的千岛湖牌生态中华鳖，味道鲜美可口，含有丰富蛋白质、脂肪、钙、磷、铁等，具有营养、保健、美容等功效。2003 年被浙江省质监局认证为无公害农产品。千岛湖牌中华鳖先后获杭州市农产品展销会金奖，浙江省优质科技产品，杭州市安全农产品农展会优质奖，被认定为淳安县知名品牌和知名商标。2005 年被杭州市工商局认定为杭州市著名商标；同年 11 月 2 日通过浙江万泰有机甲鱼认定。

十二、富春江鲥鱼

鲥鱼又名时鱼，属辐鳍鱼纲鲱形目、鲱科。体呈银白色，扁平，头小嘴尖、口大，为富春江名贵鱼类，为严州有名特产之一。严州昔有"农历四月半南洋鲥鱼来，五月中旬北洋鲥鱼来，继之黄嘴鲥鱼来"之说法。鲥鱼平时生活在大海里，但有定时入江产卵的习性，故名之。

富春江鲥鱼生产历史悠久，汉代严子陵宁可拒绝光武帝刘秀征召，也要在富春江隐居垂钓。明正德年间，"鲥鱼与茶并贡"。后一直将鲥鱼列为贡品，当时，首批鲥鱼一上岸，便用快马日夜兼程送往京城，有"年输 120 坛"之多，至清代康熙年间，鲥色已被列为满汉全席的主要菜肴。清朝及民国时期，渔民每年捕得第一尾鲥鱼，有即奉献县令、以邀赏赐的风俗。明代诗人吴嘉纪有《打鲥鱼》诗二首，记述运送鲥鱼之艰辛："人马消残日无际，百计但求鲜味在……驿亭灯火接重重，愁看燕吴一烛火。"

鲥鱼属洄游性鱼类。富春江一带，江段地势低平，江面开阔，水温适宜，沙洲散布，水流平静，水清而流缓，卵石沙底，最宜鱼子卵化，且无凶悍鱼类吞食，故成为鲥鱼得天独厚的产卵繁殖之地。每年自立夏至处暑前，鲥鱼由海洋进入钱塘江，上溯至建德的乌石滩沙质底的一带江湾产卵，产卵时间多在傍晚或清晨，生殖后鲥鱼仍游归海中，幼鱼则进入支流觅食，至九十月份长到一寸左右时，再洄游归海。因此，立夏之后的一两个月，是严州鲥鱼的汛期，也就成了捕食鲥鱼的最佳季节。曾有诗云："立夏处暑水流急，网落春江鲥鱼入"。在风大浪急的天气，正是捕捉鲥鱼的好时节。

鲥鱼其名取其来去有定时之意，其背窄略呈苍色，腹宽嫩如羊脂，通体银鳞闪光，色白如银、滑润如玉，肚子上有坚甲似的鱼鳞，像刀刃般锋利，这是鲥鱼对付天敌的自卫武器。

鲥鱼体肥多脂，质嫩味鲜，是名贵食用鱼。鲥鱼每百克含蛋白质 16.9 克，脂肪 17 克，热量 222 千卡，并含有钙、磷、铁等成分。鲥鱼性温，味甘，具有滋补强身功能。因鲥鱼美味加补身，故而成为酒席上的珍品。

鲥鱼性子特娇，出水即死，很难储存。从前，虽有"用糟储之缸内，固封出售"之法，然也十难得一。故新中国成立前，杭州、上海富商想品尝鲥鱼，便会在鲥鱼的上市季节，专程赶到桐庐、建德来尝鲜。

鲥鱼宜清炖或清蒸食之，"清蒸鲥鱼"是桐庐县城立夏前后的一道名菜。鲥鱼的特点为一个字：肥。它有鱼的美味，亦有肉的质感，吃到嘴里滑溜细腻，肥腴醇厚，馨香扑鼻，为一般鱼类所不及。

鲥鱼烹饪方法，古人众说纷纭。宋代大文学家苏东坡称其为"南国绝色之佳"，有诗赞曰："芽姜紫醋炙银鱼，雪碗擎来二尺余。尚有桃花春气在，此中风味胜鲈鱼。"郑板桥诗云："江南鲜笋趁鲥鱼，烂煮春风三月初。"曹寅则曰："乍传野市与鳞法，未敌豪家醒酒力。"虽说烧法各有千秋，但有一点是世人公认的：鲥鱼腴美，宜清蒸。剖时，不去鳞。鲥鱼的鱼鳞含有大量皮下脂肪，故营养丰富，滋味鲜美。清蒸时，放姜片、火腿片、笋片、香菇及少量黄酒，温火十分钟，即可食。

元代韩奕所著《易牙遗意》中就记有清蒸鲥鱼时的详细制法，数百年来又屡有改进，后来的通常制法是：鲥鱼从中对剖，只余背部相连，去内脏洗净，用洁布擦干（不能去鳞，其鳞层中含有丰富的脂肪，味极鲜）。将猪网油洗净摊在碗底，其上放香菇、火腿片、笋片，再撒上葱末、姜丝和黄酒等调料，将鲥鱼鳞面朝下放入，上笼或隔水用旺火蒸熟反扣装盘即可，这样蒸出来的鲥鱼，肉质细嫩，鲜汁饱满，口味清鲜，用筷子在鱼身上轻轻戳一下，就能见鱼汁如泉涌，堪称美食佳肴中之上品。

自 20 世纪 70 年代建成富春江水电站之后，鲥鱼从大海洄游到富春江产卵的水路被阻断。从此，鲥鱼在富春江一带已濒临灭绝。

十三、富春江子陵鱼

子陵鱼为桐庐特产之一，一般鲥鱼出海之后，该鱼才溯江而上，群聚子陵滩下，因以得名。子陵鱼，形小不及寸，大者如雀舌，细者如娥眉，纤白如银鱼。两眼黑点未开者肉质细嫩，为佳品；渐长后则有微腥。每当农历五、六月间，捕捞者于浅滩河湾布以麻布网，频频施展，便可得鱼，日有数十斤可捕，但须趁日曝干或者锅内微火烤干，方可耐久。子陵鱼可现烹鲜食，也可干制作羹，最佳为干烧方法烹饪，其风味不逊太湖银鱼。自富春江水电站大坝建成后，子陵鱼已日见稀少，后仅在富春江湾里地段及分水江尖山脚江段略有捕获，产量稀少。

干烧子陵鱼为桐庐地域最具特色的名菜之一，该菜用晒干或焐干的子陵鱼为原料，并配以肉末、蒜末、姜末、红椒末及其他调料，下油锅烹烧，出锅后再淋上麻油，其味道鲜辣，入口留余香，堪称佳肴。

关于子陵鱼还有一个美好的传说故事，说的是严子陵在富春山隐居，被刘秀知道了。刘秀念念不忘旧情，便派了太监，捧了锦袍玉带，到富春山来请严子陵再次去京城相会。

一天，严子陵正在钓台钓鱼，见一个太监骑马来到钓台上。

严子陵知道他是刘秀派来的，便假装糊涂，问道："你这位公公，来到荒山僻壤，找哪一个呀？"太监回答道："我奉皇上圣旨，带来锦袍玉带，前来请严先生出山。"子陵仍不肯相认，说："这里没有姓严的，我是个钓鱼人呀。"这太监上次在京城服侍过严子陵，回答道："严先生，你难道不认识我了么？"

严子陵看看瞒不过，便笑呵呵地站起来说："麻烦公公啦，请告诉皇上，这里只有一个钓鱼人，钓鱼人是用不到锦袍玉带的。"说罢，就把锦袍玉带拿了过来，撕成一条条、一丝丝，随手向富春江上抛去。说也奇怪，这一条条、一丝丝的锦袍玉带，落到富春江中，顷刻之间，化成了一条条鳞光闪闪的小银鱼。后来，当地渔民就把这种鱼叫作"子陵鱼"。

十四、虹鳟鱼

虹鳟鱼是一种冷水鱼种，新安江水库经发电流出的水体常温保持在 14℃至 17℃之间，非常适合虹鳟鱼的生长。

虹鳟鱼，属鲑形目、鲑科，最大体长 120 厘米，栖息深度为 0~5 米，被誉为"水中人参"。它善于跳跃，上钩后激烈拼搏。现已从北美西部引殖到很多国家。它栖于湖泊和急流，体色鲜艳，体上布有小黑斑，体侧有一红色带，如同彩虹，因此得名"虹鳟"。

1980 年 1 月，建德县渔业管理站从太原晋祠引进虹鳟发眼卵 3 万粒，当年孵化、育苗成功。虹鳟鱼在长江以南移养和利用网箱养殖成功，在国内均属首次。1982 年实施虹鳟鱼人工繁殖项目并于 1986 年 11 月通过杭州市鉴定。1983 年 8 月，建德被列为全国 3 个虹鳟鱼养殖基地之一。次年 3 月，建立虹鳟鱼场。1985 年从日本引进美国道氏虹鳟发眼卵 10 万粒，1990 年，道氏虹鳟首次繁殖成功，育成稚鱼 3 万尾，实现养殖品种更新。

虹鳟鱼肉质细嫩，营养丰富，口感很好。一般有两种吃法，一种是生吃，切成生鱼片，刀工要好，要切成如纸片般薄，配以芥末、蒜末、生姜末、酱油、醋等调料。另一种是清蒸，具体做法很简单：准备一条 500 克左右的虹鳟鱼。配料用冬笋丝、冬菇丝、火腿丝、姜丝、葱丝。调料用精盐、味精、胡椒粉、料酒、绍兴老酒。具体做法是将虹鳟宰杀制净，鱼腔内放入调好的料丝，装盘，锅开后上屉蒸。蒸鱼切忌过头，鱼骨透明肉质最鲜美，一般 10 分钟左右。这样烧出的虹鳟鱼鲜、嫩、滑尽现，色泽银白、营养丰富。

第八章

建材

一、"严州青"茶园石板

　　一说起淳安茶园，人们都会自然联想到当地的特产"严州青"茶园石板。明万历年间《续修严州志》载："淳安县东五十里茶坡，溪南岸两峰相峙，其中产青壁坚石。"此中的两峰，即茶园镇的朝山和龟山。茶园石的形成，经历了漫

"严州青"茶园石板做的桥

长的地质演变。大约在2800万年前的喜马拉雅造山运动中，浙江淳安、常山一带，因有大江大河的泥沙层层沉积，加上高温高压条件，在特定的受热点上，形成了凝灰岩石脉。这种石料外呈青灰色，颜色均匀，质地坚硬而细腻。敲击有声，不易风化。茶园石的开采历史悠久，起于唐宋，盛于清代。

　　石板开采从上往下片裁。先按客商订货尺寸起样。然后打出沟槽，凿眼后再用铁锻打成的"铁蟹"楔入。"铁蟹"形如蟹身，三角状薄嘴扁斜，后厚便于锤击。每尺余嵌二枚。待铁蟹咬紧后，师傅们手握大锤，在统一号令下猛击铁蟹。石板在锲钻力下渐开，初时发出"啪啪"响声；待后来"嘣"一声爆起，片板成材。

开取牌坊石料，一般要八个人以上合力才能完成。大家一起用工具开凿阴沟、石蟹孔、马蹄孔，合力用榔头敲打铁蟹。刚开始敲打不能太用力，否则会使石材破裂不均。待石材开裂到一定程度，再用力猛打。石材怎么取孔，敲打用多少力，都有讲究。直到整个石材平面起浮了，再开始按需切裁。

上至安徽的徽州地区，下至杭州，南到金华、衢州地区以及严州古城，用的石材都是淳安茶园运去的石板。比如现在保存完好的安徽歙县的徐国大牌坊，安徽屯溪的棠越牌坊，杭州的胡庆余堂，杭州的南宋御街地上的青石板都是淳安茶园出产的"严州青"茶园石板。

二、楠木

在建德市寿昌镇童家的绿荷塘就有大片的楠木林。楠木是一种常绿大乔木，高达 30 余米，胸径 1 米，属国家二级保护植物，也是我国的特产树种。楠木以其材质优良，用途广泛而著称，又是著名的庭园观赏和城市绿化树种。

楠木为中亚热带常绿乔木，分布在气候湿润、冬暖夏热的地区，不耐寒冷。

楠　木

《博物要览》载："楠木有三种，一曰香楠，又名紫楠；二曰金丝楠；三曰水楠。南方者多香楠，木微紫而清香，纹美。金丝者出川涧中，木纹有金丝。楠木之至美者，向阳处或结成人物山水之纹。水河山色清而木质甚松，如水杨之类，惟可做桌凳之类。"传说水不能浸，蚁不能穴，南方人多用作棺木或牌匾。宫殿及重要建筑之栋梁必用楠木。楠木木材优良，具芳香气，硬度适中，弹性好易于加工，很少开裂，为建筑、家具等的珍贵用材。器具除做几案桌椅之外，主要用做箱柜。楠木木材和枝叶含芳香油，蒸馏可得楠木油，是高级香料。

三、石灰

严州地区有许多石灰石的山体。石灰石，化学名称叫碳酸钙。在高温下可分解成二氧化碳和氧化钙。氧化钙就是生石灰，吸水之后变成氢氧化钙，即熟石灰；熟石灰在空气中吸收了二氧化碳后，又会变成碳酸钙。这样的化学特性，使生石灰在农耕时代的农村有着广泛的用途。

要烧石灰，先要做好石灰窑，然后备足矿石，准备好燃料，即柴禾。装窑，即把石灰矿石堆砌到窑内，这活需专门的窑工来完成。灰窑一般建在山脚，靠山坡而筑。窑底内径约 6 米，顶内径约 4 米，窑高 7 米。窑底外壁 2 米高、1 米宽的石拱门。整座窑体由黄土夯实，经多次高温煅烧已成光滑亮晶的瓷质壁层，相当牢固。

窑工装矿石的过程是这样的：首先把底层的拱形燃烧炉室筑好，燃烧室约 3 米高，2 米直径。接着是从窑顶往窑内逐一填实矿石块，一直到窑顶部，顶部的矿石堆成圆弧状。最后用黄泥糊抹上厚厚一表层，均匀留出烟气通道。

一切准备就绪，接下来是烧窑劳动力（炉工）排班，一天 24 小时不能断人。开窑那天非常热闹，像过节一样，在窑上捣麻糍，糍粑摊开，撒上芝麻粉，再撒上一层红糖，切成一块块，分给大家享用，不分男女老幼，每人一块。

烧窑开始，搬柴的在柴垛堆与窑门之间来回跑，炉工一捆捆往窑炉口塞柴禾。炉膛内灼热火红，隐隐有柴禾爆燃的隆隆声音传出来；炉火闪亮，映红炉工的脸庞，汗水滴滴。一炷香点完，下一位接上，另外再点一炷香。窑顶冒出滚滚的浓烟，直飘向云天。要烧一个星期才能结束。

接下来是分给每个出资的人，或拿出去卖。

过去烧石灰比较原始，现在就进步多了。在建德、淳安、桐庐一带都有许多生产轻钙的企业，生产设备与技术都较过去有了很大提高，企业正向精细化方面发展了。

第九章 药材

一、白花前胡

前胡，伞形科。别名"岩风""土当归"，是多年生草本植物，茎高 1 米以上。夏季开花，有白花前胡和紫花前胡之分。其根可入药，为中医常用药材之一。

前胡性微寒，味苦辛，具有散风清热、降气化痰功效，主治风热、咳嗽等症。

淳安盛产白花前胡。以根黑柔软、头大尾长、粗壮味浓见长，在中药行享有较高声誉。主产区在严家、王阜、秋源、齐坑、瑶山、安阳、上坊、里商、沈畈、樟村等地。1978 年，全县收购野生前胡 2329 担。其中威坪区年产量占全县 50% 以上，仅严家乡就收购 25 吨。2000 年后，部分产区推广山地种植。2005 年，全县白花前胡种植面积 266.67 公顷，产量 800 余吨，产值 1200 余万元。

二、半夏

半夏，别名麻芋子，属天南星科多年生小草本植物。它生于海拔 200 米以下的岩石和黄砂土的旱地，于仲夏间采挖。其块茎是中医常用药之一。干燥块茎炮制后称"制半夏"，性温、味辛，功能燥湿化痰、和胃止呕，主治痰多咳喘、胸脘痞闷、呕吐反胃、梅核气等症；未经炮制的称"生半夏"，有毒，多作外用，可治痈疽初起。

淳安自古产半夏，清顺治《淳安县志》中有半夏的记载，所产半夏块大实坚、粉优质白、色泽光亮，为医家喜用，素有"淳半夏"之称。

其产地以瑶山、夏中、秋源、王阜、桐子坞、东亭、中桐、许源、富溪、屏门、唐村、横双、龙源、左口为多。20 世纪 50 年代全县收购量在 5 吨左右。1970~1980 年共收购 225.4 吨，其中 1972 年收购 25.8 吨。90 年代后，产量逐年减少。2005 年，全县生产量约 1 吨。

三、金银花

金银花亦称"忍冬""二花"，为忍冬科多年生半常绿缠绕灌木，喜生长于山坡灌木丛中。金银花夏季开花，苞片叶状，花唇形，芳香，外有柔毛和腺毛，雄蕊和花柱均伸出花冠。花对生于叶腋，初白后黄，黄白相映，故称金银花。可入药，性寒、味甘，功能清热解毒，主治温病发热、斑疹、咽痛，热毒下痢、痈肿疮疡等症。茎性能相同，多用于痈肿疮毒和热痹等。花叶蒸馏成露，称"金银花露"，可作饮料，能解暑清热。20 世纪 80 年代全县年收购量 2 吨左右。2005 年，全县产金银花约 500 千克。

四、严州山茱萸

茱萸，见之史料甚早，也常常是文人墨客笔下的寄情表意之物。曹植就曾为它写下诗句："茱萸自有芳，不若桂与兰。"佩缀茱萸之风大盛于唐。每逢重阳佳节，皇帝常常率领一班文臣登高赋诗，同时将一枝枝茱萸分赠群臣作为佩饰，辟邪消灾。九九重阳节，头插茱萸登高游玩，时人趋之。王维的"遥知兄弟登高处，遍插茱萸少一人"，杜甫的"明年此会知谁健，醉把茱萸仔细看"，都是吟咏重阳寄情茱萸的经典。

在严州历史上，山茱萸也早早超越了药用的功能，更似中药文化的传承符号。

（一）淳安山茱萸

在淳安，有这样一个口口相传的趣闻，说的是 20 世纪八九十年代临岐人出门吃饭基本不用带钱包，吃完后直接从兜里抓一把"红枣皮"即可。红枣皮，就是山茱萸。

山茱萸，俗称红枣、药枣、蜀枣等。果实水煮去核晒干称萸肉，又称"红枣皮"，为名贵中药材。性酸、微温，有补益肝肾、涩精敛汗之功能。主治头晕、耳鸣，腰膝酸软，遗精滑泄，老人尿频失禁，虚汗不止，月经过多等疾病。萸肉中含有 16 种氨基酸，具有抗癌、抗艾滋病、治疗心血管系统疾病等多种疗效。《本草纲目》将它列为滋补品。

山茱萸属山茱萸科，为落叶乔木，树高 4~10 米，生长于海拔 500~800 米的丘陵坡地。以石灰岩、泥岩、砂岩、泥岩夹砂岩等富有钙质岩土为宜，喜溪畔及湿润气候。山茱萸苗期根系不发达，生长缓慢，5 年后生长加速。实生苗 8~10 年才能结果，15 年后逐渐进入盛果期。

山茱萸从野生转为人工栽培当在明代，据《安定胡氏宗谱》载："胡晅（1464~1555）字耀南，尤耽情山水，游于沈溪之石城（今瑶山乡岭后新干村），山环如城廓，爱不能舍，因迁此地。秋时，岩穴间红艳满树，目之不知为何物。有客自武林（即杭州）来者，询之，曰：'此湘襄山萸肉也。'公因遍地栽培，财源独辟，盈仓箱而惠子孙。自后，遍中无不种者，今四方百里悉有之，皆公之所惠也。"

山茱萸是临岐一带的主要经济特产之一。据明嘉靖《淳安县志》记载："山萸肉产邑北九都、十都，审岭者为地道。"另外，在清顺治十五年（1658）的《新修淳安县志》、乾隆二十一年（1756）的《淳安县志》、光绪年间的《续

淳安山茱萸

纂淳安县志》，以及近代的《淳安农业志》《杭州医药商业志》中均有记载。当时，山茱萸已作为淳安的名贵药材行销，淳安这一带所产山茱萸，颜色暗红有光泽，果大肉厚味酸，富有弹性，糖分饱蓄，品质之佳居全国之冠，中医界均以"淳萸肉"代称。"淳萸肉"曾列为全国农业展览会展品。其主产区在今临岐的瑶山、屏门等乡镇，产量占全县的85%、全省的50%、全国的四分之一，临岐因此成了浙江唯一的"山茱萸之乡"。

千百年的中药文化积淀，它已深深植根于临岐百姓人家。去临岐作客，主人热情地给你沏上一杯茶，放上几颗自家产的山茱萸，这是他们特有的待客之道。

20世纪70年代，山茱萸开始育苗嫁接、矮化密植试验，山茱萸的种植面积和产量始有发展提高。1986年，全县萸肉面积达498公顷，产萸肉15.05吨。

2002~2004年，临岐、瑶山两乡镇35个村，完成135处1488.4公顷山茱萸基地建设，其中低产林改造915公顷，新建基地498公顷，示范林建设67公顷，无性系采穗圃8.47公顷。同时开发出茱萸蜜饯、茱萸养生酒和茱萸八宝茶等产品。2002年，临岐镇获"浙江省山茱萸之乡"称号；2004年，"万亩山茱萸低产林改造技术推广"和"无公害山茱萸标准研究与制定"项目，分别获得浙江省林业厅科技兴林二、三等奖。2005年，全县山茱萸种植面积1242公顷，产量366吨。

（二）桐庐山茱萸

山茱萸在桐庐合村乡各村均有分布，主要为三源村233公顷、瑶溪村133公顷，全乡总面积约为517公顷，年产干皮100多吨。五六斤鲜山茱萸可制作1斤山茱萸干皮，山茱萸干皮过去收购价格较高，最高曾达每斤120元，给老百姓带来过很大的经济收入，但目前售价仅为每斤12~18元。由于采摘麻烦，还需晒干，经济效益并不明显。山茱萸作为一种常规中药材特别适于泡酒，对肾虚、夜间盗汗等有显著疗效，若得到有效开发，将其药用价值合理转变为经济价值，将给合村乡老百姓带来十分不错的经济效益。

五、木瓜

木瓜属蔷薇科落叶灌木或小乔木，因其果实如小瓜，可食用，故称木瓜，又称铁脚梨等。春末夏初开花，花淡红色。果实秋季成熟，长椭圆形，淡黄色，味酸涩，有香气。经蒸煮刀切晒干，可入药，功能舒筋、和胃化湿，主治脉络拘挛、腰膝酸重、脚气水肿、吐泻转筋等症。亦可作蜜饯。

据《中国药材学》记载，木瓜"主产安徽宣城、浙江淳安"等地。淳安种植木瓜历史悠久，以左口、光昌为多，汪宅、文昌、金峰等地也有零星分布。淳产木瓜果实个大，素有"淳木瓜"之称，在省内外中药界享有盛誉。

木瓜生长周期较长，一般5~10年才能结果。适宜在海拔200米以下肥沃、通透性较好的砂质土、石灰性土中栽培。1960年，淳安种植木瓜34.93公顷，年产木瓜9.85吨。20世纪70年代后木瓜种植逐年减少，1979年全县仅产0.5吨。

六、贡菊

黄、白菊花可入药。性微寒、味甘苦，功能疏风清热，平肝明目，主治外感风热、头痛、目赤等症。淳产菊花主要有金紫尖贡菊和千岛湖贡菊。2005年淳安全县种植贡菊面积433公顷，产量488吨，产值2340万元。

金紫尖贡菊。原属野生菊花，长于海拔1400多米的金紫尖高山石缝间，花蕊大，花粉多，色泽晶莹，芬芳自然。1999年，王阜乡甘坪村村民采用同海拔移栽菊花25.3公顷，所产菊花品质上乘，杭州、上海、广州和日本客商纷至求购。

千岛湖贡菊。1997年，威坪镇水碓山村民从安徽歙县引种成功，后逐渐在威坪、王阜、严家、临岐、汾口、大市等地大面积发展，千岛湖贡菊以朵大、花白、瓣肥，色泽晶莹、香郁甘爽著称，颇受客商青睐。

七、栀子

栀子亦称"黄栀子""山栀"，茜草科常绿灌木，野生。春夏开白花，顶生或腋生，有短梗，极香。产于全县各地，可扦插繁殖。果实用水萃取可得黄色染料，用为纺织纤维的染色。果实中的色素，主要为栀子苷。中医学上以果实入药，性寒、味苦，功能清热泻火，主治热病心烦、目赤、黄疸、吐血、衄血、热毒疮疡等症。

2003年，淳安县枫树岭镇投入资金557.29万元，建立黄栀子种植示范园区，从江西引进"丰栀一号""赣湘一号"等良种，在雪家源、茂山、下姜、源塘、低坑、九龙坑等村种植面积200公顷，当年实现药材加工产值1200万元。2005年全镇种植面积500公顷，产量1000余吨，成为浙江省无公害栀子生产基地。

八、铁皮石斛

铁皮石斛属兰科草本植物。石斛可分为黄草、金钗、马鞭等数十种，铁皮石斛为石斛之极品，它因表皮呈铁绿色而得名。因铁皮石斛神奇独特的药用价值和保健功效，博大精深的中医药文化对其推崇备至，历代诸多具有影响的医学专著和典籍均将其收入其中，奉其为"药中之上品"。秦汉时期的《神农本草经》记载铁皮石斛"主伤中、除痹、下气、补五脏虚劳羸瘦、强阴、久服厚肠胃"；李时珍在《本草纲目》中评价铁皮石斛"强阴益精，厚肠胃，补内绝不足，平胃

铁皮石斛

气，长肌肉，益智除惊，轻身延年"；民间称其为"救命仙草"。

九、西红花

在建德市三都镇新和村、梓里村等农村中都种着一种名贵药材，它的名字叫西红花。

西红花有较高的药用价值。可以食用，比如泡水、浸酒喝，还可以煲汤，另外还可以作为色素用，主要的功能是通经活血。

西红花为鸢尾科植物番红花的干燥柱头，具有活血化瘀、凉血解毒、解郁安神等功效，用于治疗产后瘀阻、温毒发斑、忧郁痞闷、惊悸发狂等症，现代药理研究表明，西红花具有降血脂、抗动脉粥样硬化、降血压与心脏保护作用、抗细胞凋亡、抑制肿瘤细胞增殖、抗氧化与抗自由基等药理作用。西红花不但在临床上得到了广泛使用，还大量用于日用化工、食品、染料等工业，是美容化妆品与香料制品的宝贵原料，球茎又可作为高档花卉出售。

西红花主要出产于地中海、欧洲和中亚地区，其中以西班牙、法国、伊朗、印度为主，被西班牙人誉为"红色金子"。建德最早的西红花，就是 1979 年从西德与西班牙引进的，后来又从日本引进良好的西红花品种。目前，西红花已经被国家中

西红花

医药管理局列为重点发展的中药材品种，在浙江、上海、西藏等地都有种植，浙江的西红花又主要在三都镇种植。

西红花在浙江就有建德、海宁、杭州等产地，其中建德三都西红花专业合作社拥有全国最大的西红花种植基地，积累了丰富的西红花加工经验。

西红花中所含的化学成分颇多，目前研究者已从西红花的柱头中分离得到了 150 多种化合物，其已确定的组成部分有 40~50 种，西红花中的化学组

成部分主要有以下几大类：胡萝卜素及其苷类、胡萝卜素类化合物、挥发油、氨基酸、三甲基环乙烯衍物的苷类、黄酮和树脂等。

西红花属于冬季作物，室内开花，室外培育种子，花丝11月剪好，当月就种到地里，在地里种到4月底，然后整批挖回来，老种死去，新种子另外生出来。

三都的西红花还远销到马来西亚、俄罗斯、伊朗、阿富汗和中国的台湾地区，用以生产保健品、口红等产品。现在三都镇西红花的收购价1公斤可卖到3万元。伊朗的西红花1公斤只卖到8000元左右，他们的品质不如中国的好。

后记

　　在 2018 年年底严州文化研究会的一次编辑文化丛书的会议上，我领到《严州特产》这个题目。虽然对特产的了解认识并非我所长，平时也没有掌握那么多的资料，开始我自认为难度不大，后来发现还是蛮有难度的，主要是有些内容看似简单，其实并不简单，有很多内容是自己没有经历过的，比如白酒的制作，对其中的流程就写不出，有的知道一点，也写不深，需要重新了解、采访。有些企业出于知识产权保护的需要，不愿意将机密的东西外泄，这也给写作带来一定的难度。

　　我们讲的特产，很大一部分是饮食。饮食在历史上很早就形成了丰富多彩的饮食文化。饮食文化是中国传统文化中最具特色的文化现象之一，它有着丰富的内容，反映着中华民族的生产状况、文化素养和创造才能。饮食文化主要包括三个层次：其一是物质层次，包括饮食结构、饮食器具；其二是行为层次，包括烹饪技艺、器具制作工艺、食物保藏运输方法等；其三是精神层次，包括饮食观念、饮食习俗以及蕴含其中的人文心理、民族特征等文化内涵。饮食文化有着十分悠长的历史渊源。原始人类就翻开了饮食文化史的第一页——变生食为熟食，并制作陶质炊饮器、酿酒等。周王室的"八珍"出现，标志着中国烹饪成为一门艺术，三国两晋南北朝是各民族、各地区饮食风格广泛融通交汇时期，烹饪技艺多变；同时由于佛教的传入和道教的影响，出现了一个巨大的素食文化圈。隋唐至宋元时期国家的统一和繁荣，使饮食文化兴旺发达，食物的种类和品种不断丰富，茶、酒文化及饮食业的兴盛，构成了这一时期的基本特点。在古典名著《水浒传》《金瓶梅》中都写到严州府，都写到那时的都市饮食，实际上，书中所写的都市餐饮场景也就是我们严州城市生活在两宋时期的真实写照。明清是中国饮食文化的鼎盛时期，饮食流派逐渐形成，地域性风格十分突出，饮食专著不断问世。我国有医食同源的传统，一些最早的医学理论专著，如《黄帝内经》等，都对食物治疗疾病作了详细记载，同时还提倡饮食养生，这些思想在很早就形成了制度。

中国饮食文化具有多样性。这种多样性，就体现在它们都有自己的个性特色。毫无疑问，"特产"是以"特"来修饰"产"的，其中"特"就是特别之意，即"特产"是一定区域内的特别出产。通俗的说，"特产"可以这么定义：属于一个地方特有的或从此地发源或兴起的，或代表了一个地方的特色，或通常能反映出民俗民风的产品，就是特产。

从上面的定义中，可以看出特产必须满足的三个属性：一是地缘性特征，即特产是一个地区的独特产出，这是形成特产的一个先决条件；其次是包蕴特征，也就是说，特产能够集中体现生产地区的特色，是该地区标志性产品；第三，作为特产，品质优良是必须具备的。从某种意义上说，没有优良的品质，就不是特产，或不是优秀的特产。现在也有一些企业或个体商贩为了自身利益需要，在原材料的采购上偷工减料，在加工工艺上也不是严格按照过去应该有的程序去做。所以，他们做出来的所谓特产只是假借特产之名，而无特产之实。

为了写好这本书，我查阅了大量文史资料，也采访了许多民间制作高手。特产的制作具有季节性，有些不是那个季节出产的东西，你就看不到，只能听别人抽象的介绍，这在感觉上当然就要差一些。在采访过程中，我也为我们严州地区感到自豪，我们严州历史悠久，物产丰富，在历史上诞生了许多特产，而且都还有知名度，比如茶园人一开口就夸自己家乡的特产"茶园豆腐干""茶园石板"，另外，还有我们历史上就非常有名的严漆、五加皮酒、梅城的小吃等等。

文化是需要不断传承的，我们写严州特产，目的也是将这一地区的特产文化传承下去，让后代子孙知道我们严州地区有过什么特产，大致的加工流程是怎样的。

当然，限于时间较紧和本人对严州特产不够熟悉，在本书写作中肯定存在不足之处，希望各位方家批评指正。

洪淳生

2019 年 6 月 30 日

图书在版编目（CIP）数据

严州特产 / 洪淳生著 . -- 杭州：杭州出版社，
2020.9
（钱塘江学·严州文化全书）
ISBN 978-7-5565-1308-6

Ⅰ . ①严… Ⅱ . ①洪… Ⅲ . ①特产—介绍—杭州
Ⅳ . ① F762.7

中国版本图书馆CIP数据核字（2020）第134104号

YANZHOU TECHAN
严州特产
洪淳生/著

责任编辑	夏斯斯	
文字编辑	王妍丹	
封面设计	王立超　屈　皓	
出版发行	杭州出版社（杭州西湖文化广场32号6楼）	
	电话：0571-87997719　邮编：310014	
	网址：www.hzcbs.com	
排　　版	杭州立飞图文制作有限公司	
印　　刷	浙江星晨印务有限公司	
经　　销	新华书店	
开　　本	710 mm × 1000 mm　1/16	
印　　张	9.5	
字　　数	154千	
版 印 次	2020年9月第1版　2020年9月第1次印刷	
书　　号	ISBN 978-7-5565-1308-6	
定　　价	48.00元	